GOLDMANN
RATGEBER

Buch

Die Genealogie oder Familienforschung ist ein Betätigungsfeld, das sich zunehmender Beliebtheit und wachsenden Interesses erfreut. Daher ist es notwendig, denen, die auf den Spuren ihrer Ahnen sind, ein Buch an die Hand zu geben, daß ihnen hilft, ihre Suche zu systematisieren und damit deutlich zu beschleunigen. In drei großen Abschnitten macht Wolters den Leser mit allen Feinheiten und Tricks der Dokumentensuche, Archivarbeit und Stammtafelerstellung vertraut. Mit diesem Buch und seinen vielen fundierten Informationen rückt das Ziel, nämlich die Erstellung eines möglichst lückenlosen Stammbaums, in greifbare Nähe.

Autor

Joachim Wolters wurde 1934 in Hamburg geboren und machte die Ausbildung zum Flugkapitän. 1962 studierte er an der Deutschen Angestellten Akademie in Hamburg Volkswirtschaft und wurde Chefredakteur für technische Handbücher beim Hamburger Flugzeugbau und Gastdozent an der Fachhochschule Flugzeugbau in Hamburg. Seit einigen Jahren hält er Vorträge für die Akademie für Genealogie in Braunschweig.

JOACHIM WOLTERS

Familien- und Stammbaum-Forschung leicht gemacht

Das Handbuch der Genealogie

GOLDMANN VERLAG

Originalausgabe

Umwelthinweis:
Alle bedruckten Materialien dieses Taschenbuches
sind chlorfrei und umweltfreundlich.

Der Goldmann Verlag
ist ein Unternehmen der Verlagsgruppe Bertelsmann

Made in Germany · 1. Auflage · 3/93

Umschlaggestaltung: Design Team München
Umschlagmotiv: Archiv für Kunst und Geschichte, Berlin
Satz: IBV Satz- und Datentechnik GmbH, Berlin
Druck und Bindung: Presse-Druck Augsburg
Verlagsnummer: 13677
Redaktion: Diane von Weltzien
Ba · Herstellung: bw
ISBN 3-442-13677-6

Inhalt

Einführung

Dieser Leitfaden durch die Familienforschung soll dem Anfänger einen systematischen Einstieg ermöglichen und dem erfahrenen Genealogen manchen ergänzenden Hinweis auf eine praktische Reihenfolge bei seinen Ermittlungen geben.

Den genealogischen Vereinen kann dieser Führer als Einführung für Mitglieder dienen. Er wird sie ohne Umwege gleich auf den rechten Pfad bringen und ihnen zeitraubende negative Erfahrungen weitestgehend ersparen.

Es bedarf allerdings der Hilfe *aller* erfahrenen Genealogen, die ihr Wissen an die neuen Familienforscher weitergeben sollten. Deshalb bitte ich darum, mir Berichtigungen und Ergänzungen mitzuteilen, um eine kontinuierliche Verbesserung des Bandes zu ermöglichen.

Abkürzungen und genealogische Zeichen

AL	Ahnenliste
AT	Ahnentafel
□	beerdigt
⚭	Eheschließung
⚭ I.	erste (usw.) Verehelichung mit
ev.	evangelisch
*	geboren
⚔	gefallen
†	gestorben
~	getauft
J.	Jahr
kath.	katholisch
KB	Kirchenbuch
M.	Monat
○–○	nichteheliche Verbindung
○|○	geschieden
S./Sö.	Sohn/Söhne
StA	Staatsarchiv
StT	Stammtafel
T.	Tag
T./Tö.	Tochter/Töchter
TU	Todesursache
Wwe.	Witwe
Wwr.	Witwer
W.	Woche
?	zweifelhaft, unbekannt

I. Teil:

Familien- und Stammbaumforschung für den Anfänger

1. Erste Berührung mit der Genealogie

Wie soll man nun am besten mit seiner Familiengeschichte beginnen? Da sitzt man nun und hat soviel davon gehört: Ahnentafeln, Sippschaft, Ururgroßeltern, Wappen, Stammfolge usw., usw. Am besten fängt man bei sich selbst an. Also, ein Blatt Papier heraus und die folgenden Daten aufgeschrieben:

Angaben zur eigenen Person: Geburtsdatum, Geburtsort, Beruf, Heiratsdatum, Ehefrau, Kinder.

Angaben zu den Eltern: Wann und wo geboren, vielleicht schon gestorben? Beruf, Heirat, Ehepartner, Kinder.

Angaben zu den Großeltern: Wann und wo geboren, gestorben? Beruf, Eltern, Heirat...

Abb. 1: »Am Anfang sitzt man vor einem Blatt, ...«

Die meisten Anfänger haben spätestens bei dieser Generation die ersten schwerwiegenden Probleme. Am besten fragt man die eigenen Eltern danach, denn die müßten es ja wissen.

Nun haben wir schon den Beginn eines richtigen Systems. Indem wir unsere Eltern befragen, tut sich mitunter eine unerwartet ergiebige Quelle auf. »Aus dem Kopf kann ich deine Fragen auch nicht beantworten«, entgegnet vielleicht der Vater, »aber im ›Tausendjährigen Reich‹ mußten wir die arische Großmutter nachweisen und dafür einen Ahnenpaß erstellen. Dort wirst du finden, was du suchst.«

Na bitte! So tut sich eine richtige Fundgrube auf!

a. Ahnenpaß und die Numerierung in der Ahnentafel

Sollte also ein Ahnenpaß bzw. ein Familienstammbuch existieren, dann hätten wir damit bereits ein Gerippe für unsere Forschung. Die Numerierung ist ganz einfach: Man selbst ist Nr. 1, der Vater Nr. 2, die Mutter Nr. 3 usw.:

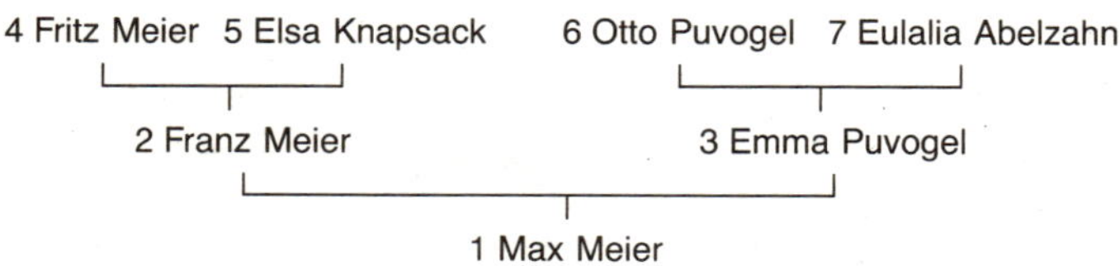

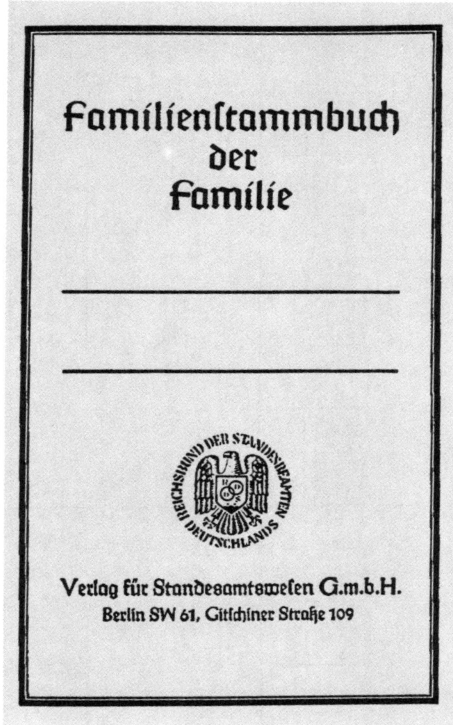

Abb. 2: Das Deckblatt eines gängigen Familienstammbuchs.

Der Familienforscher kann sich die Arbeit jedoch auch durch die Eintragung der Daten in einen entsprechenden Vordruck erleichtern. Dies ermöglicht die Systematisierung und verhindert, daß wichtige Fakten vergessen werden. Der hier abgebildete Vordruck ist für wenig Geld erhältlich bei dem Fachverlag für Familiengeschichtsforschung und Wappenwesen Degener & Co., Inh. Gerhard Geßner, Postfach 1340, D-8530 Neustadt/Aisch:

Abb. 3: Die mögliche Form eines Elternmerkblatts.

Zu der auf diese Weise entstandenen Ahnentafel muß eine Ahnenliste in alphabetischer Reihenfolge (nicht nach Nummern ordnen!) erstellt werden, um die Betroffenen auch schnell auffinden zu können:

Ahnenliste des Joachim Alexander Wolters
Glaubensbekenntnis: ev.-luth., soweit nichts anderes angegeben.

33. Albers, Anna Constantia, * Hamburg 4. 10. 1736, † Hamburg 18. 10. 1810, ⚭ Hamburg 1. 8. 1752 Michael Wolters
66. –, Lorentz, Zuckerbäcker, * Hamburg, ~ das. 4. 10. 1684, † (?), (⚭ I Hamburg 20. 2. 1708 Anna Peterßen),
⚭ II Hamburg 1. 1. 1723 Catharina Maria Holsten
132. –, Lavrentz, * (um 1660), † (?)
251. Andresen, Ann Cathrin, * (um 1710), † (vor 1749) ⚭ Horst/Holstein 29. 6. 1733 Johann Gonsales
29. Bennekamp, Johanna, * Flüren b. Wesel 1807, † (?), ⚭ Wesel 27. 9. 1832 Theodor Bißling
58. –, Johann Bernard Spickermann, genannt Bennekamp, * Diersdorf b. Wesel 3. 3. 1775, † (?), ⚭ Mechthildis Hilgenpohl
116. –, Heinrich Spickermann, * (um 1740), † (?), ⚭ Elisabeth
7. Bißling (Bihselik), Antonia Maria Theodora, * Albersdorf/Holstein 6. 5. 1871, † Hamburg 3. 5. 1945, ⚭ Lübeck 12. 11. 1895 Wilhelm Heinrich Ernst Eitner
14. –, Anton Heinrich Friedrich (kath., 1877 schon ev.), Kanzlist und Polizeisekretär, * Wesel 24. 10. 1833, † Lübeck 28. 4. 1901, ⚭ Albersdorf/Holstein 6. 5. 1871 Emilie Christine Johanna Ellefsen
28. –, Theodor (kath.), Soldat und Steuerassistent, * Emmerich 9. 10. 1806, † (?), ⚭ Wesel 27. 9. 1832 Johanna Bennekamp
56. –, Theodor(us) (kath.), * Geldern (um 1760), † Emmerich 3. 7. 1806, ⚭ das. 29. 5. 1794, ⚭ Elisabeth Hünen

Anleitungen und Muster für Ahnenlisten und Ortsverzeichnisse sind erhältlich bei der Deutschen Zentralstelle für Genealogie, Georgi-Dimitroff-Platz 1, O-7010 Leipzig.

b. Stammtafel nach einem eigenen System

Hier gibt es viele unterschiedliche Möglichkeiten. Eine Normung müßte bald einmal vorgenommen werden, insbesondere was die Numerierung betrifft. Das bekannteste System ist jenes, welches auch im *Deutschen Geschlechterbuch* angewandt wird. Der älteste bekannte Ahn erhält die Nr. I, seine Kinder – die zweite Generation – die Nr. IIa und IIb, seine Enkel – die dritte Generation – die Nr. IIIa, IIIb usw. Das folgende Beispiel der Stammfolge »Rabe« verdeutlicht die Vorgehensweise.

Ein erfahrener Genealoge wird immer folgendes zu bedenken geben: »Vor einem Fehler, der von Anfängern in der Familiengeschichtsforschung leicht gemacht wird, muß besonders gewarnt werden, nämlich vor jenem, bei dem ältesten bekannten Namensträger oder in einer weit zurückliegenden Zeit mit seinen Forschungen zu beginnen. Man gehe von sich selbst aus und zeichne zuerst die Daten sämtlicher Geschwister, der Eltern, deren Geschwister, der Großeltern usw. auf. Dann findet man am leichtesten den Weg zu den ältesten Ahnen.«

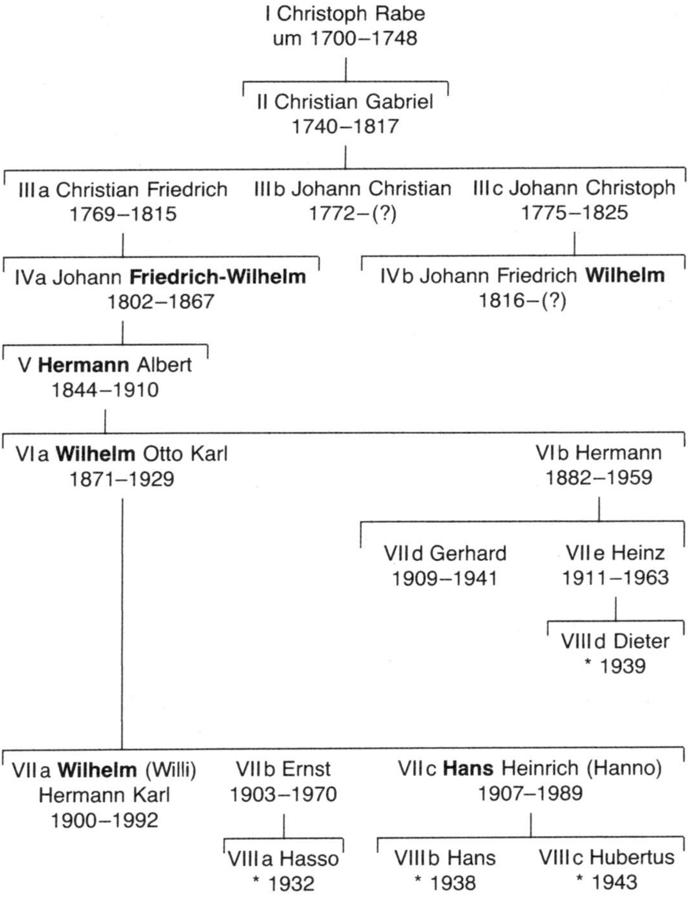
I Christoph Rabe
um 1700–1748
II Christian Gabriel
1740–1817
IIIa Christian Friedrich
1769–1815
IIIb Johann Christian
1772–(?)
IIIc Johann Christoph
1775–1825
IVa Johann **Friedrich-Wilhelm**
1802–1867
IVb Johann Friedrich **Wilhelm**
1816–(?)
V **Hermann** Albert
1844–1910
VIa **Wilhelm** Otto Karl
1871–1929
VIb Hermann
1882–1959
VIId Gerhard
1909–1941
VIIe Heinz
1911–1963
VIIId Dieter
* 1939
VIIa **Wilhelm** (Willi)
Hermann Karl
1900–1992
VIIb Ernst
1903–1970
VIIc **Hans** Heinrich (Hanno)
1907–1989
VIIIa Hasso
* 1932
VIIIb Hans
* 1938
VIIIc Hubertus
* 1943

2. Wie sollte man bei der Erforschung der eigenen Familiengeschichte vorgehen?

Ist man sehr begütert und hat selbst nicht die Zeit zur Forschung, dann kann man einem Berufsgenealogen den Auftrag erteilen, die Familiengeschichte zu schreiben. Entsprechende Adressen finden sich in Tageszeitungen und in den meisten genealogischen Fachzeitschriften (s. S. 92 ff.). Viel mehr Freude macht es allerdings, selbst zu forschen, zu suchen und zu finden. Dabei hat sich der folgende Weg als praktikabel erwiesen.

a. Genealogische Vereine

Ich empfehle den Beitritt in einen genealogischen Verein. Dort trifft man Fachleute und findet, meistens in Form einer kleinen Handbibliothek, das entsprechende Fachmaterial. Für jede Region existiert ein genealogischer Verein, so daß man sich für seine Forschung den entsprechenden auswählen kann (s. S. 146 ff.).

b. Einführende Lektüre

Erklärungen über und Einführungen in die Stamm-, Nachfahren-, Ahnentafeln wurden schon oft gegeben. Die Vereinsbibliotheken halten meistens mehrere für den Anfänger geeignete Broschüren oder Bücher bereit (s. a. S. 145).

Ich möchte an dieser Stelle eine Empfehlung für die Publikation des genealogischen Vereins »Adler« in Wien aussprechen. In dieser Anleitung für den Neuling auf dem Gebiet der Familienforschung wird unter den folgenden Gesichtspunkten knapp und präzise auf alle wichtigen Fragen eingegangen:

- Einführung in die genealogische Arbeit
- Arbeitsmethodik genealogischer Forschungen (Planung der Archivarbeit, Arbeitsbehelfe, das Arbeiten in Archiven und Bibliotheken, die Überwindung »toter Punkte«)
- Quellenkunde
- Lesen alter Schriften
- Darstellung der Forschungsergebnisse

c. Adressenverzeichnisse

Um zeitraubendes Suchen nach Anschriften zu vermeiden, haben findige Genealogen Adressenverzeichnisse aller wichtigen Institutionen zusammengestellt, die man sich unbedingt besorgen sollte:

- *Wichtige Anschriften für den Familienforscher*, hrsg. vom Bund der Familienverbände (Frankfurt 1965).
- Martina Wermes, *Wichtige Anschriften für genealogische Nachforschungen in den fünf neuen Bundesländern* (Leipzig 1990)

Um die Übersichtlichkeit zu bewahren, sollten wir zunächst nur mit unserem Namen und dann vorerst nur mit der Stammtafel beginnen.

3. Wer forscht nach demselben Namen?

Um jede Doppelarbeit zu vermeiden, sollten wir uns zunächst kundig machen, ob nicht andere Genealogen nach demselben Namen forschen. Dies läßt sich mit den folgenden Hilfsmitteln abklären:

Das »**Forscherkontakte**« genannte, vom Genealogischen Kreis Siemens entwickelte Computerprogramm ermöglicht die einheitliche Erfassung, Auswertung und den Austausch von Forschungsergebnissen aller interessierten Genealogen. Es soll dem einzelnen Forscher die Möglichkeit geben, mit Partnern Kontakt aufzunehmen, die nach gleichen Namen forschen. Der betreffende Familienforscher liefert seine Daten entweder per Diskette oder auf einem Formblatt an seinen genealogischen Verein. Durch Austausch innerhalb der »Deutschen Arbeitsgemeinschaft Genealogischer Verbände« (DAGV) kommt man zu allen deutschen Forscherinformationen. Wenden Sie sich an den Ansprechpartner des jeweiligen Vereins.

Das **Verzeichnis der Familienforscher** (VdFF) enthält eine Aufstellung von 1956 mit Familienforschern nebst Fach- und geographischen Gebieten.

Glenzdorfs Internationales Genealogen-Lexikon, in drei Bänden von 1977–1984 im Wilhelm Rost Verlag in Bad Münder erschienen, ersetzt das VdFF. Herr Rost kann es jedoch aus Altersgründen leider nicht mehr fortführen, so daß es nur noch in den Bibliotheken eingesehen werden kann.

Degeners Lexikon der Familienforscher herausgegeben von dem Degener-Verlag in Neustadt/Aisch 1992.

Das **Deutsche Geschlechterbuch – Genealogisches Handbuch bürgerlicher Familien** (DGB) (ab 1898), in bisher über 200 Bänden (Stand 1989) vom Starke-Verlag in Limburg publiziert, beinhaltet viele Stamm- und Ahnentafeln aus allen deutschen Gauen. Es gibt dazu als Ergänzung ein »Stammfolgeverzeichnis« und ein »Gesamtverzeichnis«, in denen man zuerst seinen Namen nachschlagen sollte.

Das Gesamtregister des **Deutschen Familienarchivs** (DFA) (Neustadt/Aisch 1952 ff.), dieses großen genealogischen Werkes des Degener-Verlages, muß durchgesehen werden. Es enthält Familiengeschichten nach eigenem System in über 100 Bänden (Stand 1990).

Das **Österreichische Familienarchiv** (ÖFA) (Neustadt/Aisch) erscheint ebenfalls im Degener-Verlag.

Das **Schweizerische Geschlechterbuch** (SGB) (Basel) erscheint in bisher zwölf Bänden im Verlag Lohndorff.

Das **Archivum Heraldium** und der **Schweizer Familienforscher**, erschienen in Bern von 1934–1969 und herausgegeben von der »Schweizerischen Gesellschaft für Familienforschung« in Bern, sind erhältlich über Walter Achtnich, Schweizerische Landesbibliothek, CH-3003 Bern.

Im **Historischen Biographischen Lexikon der Schweiz** (Neuenburg) und in der **Bibliographie der Schweizerischen Familiengeschichten 1964–1983** (Bern) können die Veröffentlichungen zur Genealogie nachgeschlagen werden.

Die **Ahnenlisten-Kartei** (Neustadt/Aisch 1975) des Degener-Verlags kommt laufend mit neuen Lieferungen heraus und sollte auf jeden Fall vor Beginn geprüft werden.

Adelslexika. Im *Gothaischen Hofkalender* (Gotha) ist von 1764 bis 1868 der fürstliche Adel zu finden, und in den *Gothaischen Genealogischen Taschenbüchern* (Gotha 1855–1920) sind die gräflichen, freiherrlichen und anderen adeligen Häuser von 1854 bis 1928 veröffentlicht. Thomas Freiherr von Fritsch schrieb dazu das Register *Die Gothaischen Taschenbücher, Hofkalender und Almanache* (Limburg 1968). Fortgeführt werden die Adligen seit 1950 im *Genealogischen Handbuch des Adels* (Limburg 1950–1992), von dem 1992 schon 102 Bände durch den Starke-Verlag veröffentlicht worden sind. Dazu gibt es ein *Adelslexikon* (Limburg 1972–1989), von dem bisher sieben Bände erschienen sind.

Österreich

wird von den folgenden Bänden abgedeckt:

Karl Fr. v. Frank, *Alt-Österreichisches Adelslexikon* (1823–1918), das *Brümer Taschenbuch* (1870–1894), das *Genealogische Taschenbuch der adeligen Häuser Österreichs* (1905–1913), und das *Wiener genealogische Taschenbuch* (Wien 1926–1937).

Es gibt zwei **Adelsarchive**, unter folgenden Adressen erreichbar:

Westfälisches Archivamt, Schloß Cappenberg, Postfach, D-4714 Selm/Kreis Lüdinghausen.

Vereinigte Westfälische Adelsarchive, Warendorfer Straße 24, D-4400 Münster.

Das **Genealogical Research Directory** (Stuttgart 1985) ist die Auslieferung eines dreisprachigen, internationalen Werkes, das bei Friedrich R. Wollmershäuser, Stuttgarter Str. 133, D-7261 Ostelsheim, erscheint.

Das englische Verzeichnis **Ayres International Registry** (A. I. R.) bringt für Großbritannien, die USA, Kanada und Australien ca. 200 Mio. Informationen. Es ist zu beziehen über Halbert's Inc., c/o Unit 16, Britannia Estate, Poyle Road, Colnbrook, Berkshire SL3 OBH, England.

Suchanzeigen können sowohl in der Zeitschrift *Praktische Forschungshilfe* (Prafo) im Starke-Verlag als auch in den *Familienkundlichen Nachrichten* (FaNa) des Degener-Verlags veröffentlicht werden. Die Registerbände mit vielen tausend Namen sind einzeln beziehbar.

Mit den **Familiengeschichtlichen Wegweisern durch Stadt und Land** (Neustadt/Aisch) aus dem Degener-Verlag wird man durch die örtlichen genealogischen Quellen, durch Archive, Bibliotheken, Kirchenbuchämter, Museen usw. geleitet.

4. Kirchenbücher (KB) und Standesämter

Nachdem wir nun schon einige Informationen gesammelt haben, kommen wir zur größten Quelle:

a. Kirchenbücher

In erster Linie gelten als Quelle für genealogische Forschungen die Kirchenbücher, in denen Geburten, Taufen (Beachten Sie: Namen, auch Vornamen, wechselten früher häufig!), Heiraten und Sterbefälle festgehalten wurden (Beachten Sie: Die ja mündlich angegebenen Lebensalter stimmten oft nicht genau!). Man wende sich an die entsprechende Kirche und ermittle mit den Adressenverzeichnissen (s. S. 21) die benötigten Adressen.

Eine Liste der Kirchenbuchverzeichnisse ist im *Taschenbuch für Familienforschung* (Neustadt/Aisch 1960) auf den Seiten 146 bis 154 zu finden. Ich rate Ihnen auch, die Erläuterung über Kirchenbücher im *Genealogischen Lexikon* (Karteiform: Frankfurt a. M. 1962–68) der Zentralstelle für Personen- und Familienkunde nachzulesen.

Evangelische Kirchenbücher

Die Bestände an evangelischen Kirchenbüchern lassen sich am besten über die folgenden Werke ermitteln:
– *Die zentralen Archive in der evangelischen Kirche* (Neustadt/Aisch 1986),

Abb. 4: Auszug aus dem Taufbuch der St.-Petri-Kirche in Hamburg.

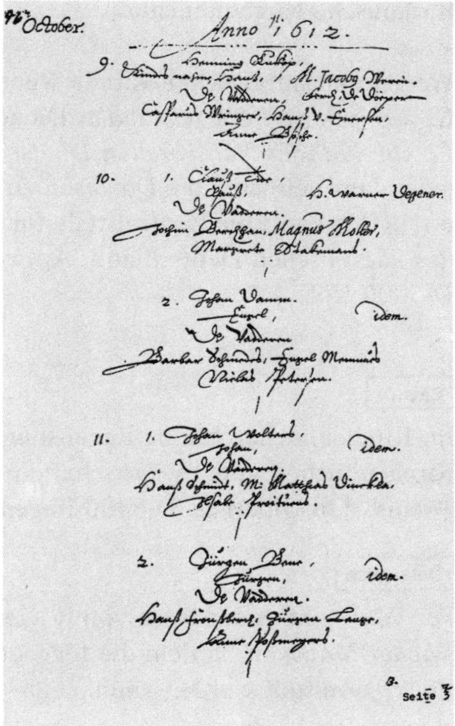
October.
Anno 1612.
9.
10. 1.
Magnus
2.
idem.
11. 1.
idem.
2.
idem.
Seite

– Henning/Wegeleben, *Bibliographie gedruckter Tauf-, Trau- und Totenregister* (Neustadt/Aisch 1991),
– *Verzeichnis der deutschen evangelischen Kirchen*, zu beziehen über die jeweilige Landeskirche,
– *Verzeichnis der Kirchenbücher im Evangelischen Zentralarchiv in Berlin* (Neustadt/Aisch 1987).

Katholische Kirchenbücher

Wegen der katholischen Kirche wende man sich an das Generalvikariat der jeweiligen Diözese. Im *Adreßbuch für die katholischen Kirchen Deutschlands* (Paderborn, jedes Jahr neu) sind die Diözesen zu finden. Außerdem erteilt Auskunft die Zentralstelle für kirchliche Statistik des katholischen Deutschland, Antwerpener Straße 35, D-5000 Köln 1.

Bayern

Im Kirchenbucharchiv zu Regensburg befinden sich die Kirchenbücher von 99 Ortschaften (Landeskirchliches Archiv, Am Ölberg 2, D-8400 Regensburg).

Österreich

Für Wien gibt es das Buch von R. Geyer, *Handbuch der Wiener Matriken*, in dem die für jedes Haus zuständige Pfarre ermittelt werden kann.

Niederösterreich

Kirchenbücher schlüsselt G. Schuster in *Die Matrikenbestände* auf.

Oberösterreich

wird von G. Grüll in *Die Matriken von Oberdonau* abgedeckt.

Die ersten evangelischen Kirchenbücher stammen aus der Zeit kurz vor 1600; die katholischen wurden auf Anordnung des Papstes seit 1561 (Konzil zu Trient) geführt.

Über die Benutzung der Kirchenbücher gibt es derart viel zu sagen, daß hierfür ein gesonderter Ratgeber geschrieben werden könnte. Ein paar wichtige Tips möchte ich jedoch hier bereits einfügen. Man schreibt in der Regel alles Wissenswerte aus einem Kirchenbuch beidseitig auf Schmierzettel mit dem Ergebnis, daß man es zu Hause noch einmal abschreiben, z. B. auf Karteikarten eintragen muß. Besser ist es, gleich ordentlich und einseitig (!) zu schreiben, um die Daten je Person abschneiden und auf die betreffende Karteikarte kleben zu können. Außerdem vermeidet man weitere Fehler, die oft durch nochmaliges Abschreiben entstehen.
Wichtig: Geben Sie in jedem Fall immer die Quelle an. Nicht all Ihre gesammelten Daten kommen aus Kirchenbüchern, sondern auch aus anderen Archivalien.

Die Kirchenbücher der früheren deutschen Ostgebiete und der ehemaligen DDR

Ostgebiete

Im Degener-Verlag ist ein *Bestandsverzeichnis* (Neustadt/Aisch 1990) der in der Deutschen Zentralstelle für Genealogie in Leipzig archivierten Kirchenbuchunterlagen aus den früheren deutschen Ostgebieten erschienen.

Schlesien

Darüber gibt der Aufsatz »Die noch vorhandenen Kirchenbücher Schlesiens und ihre derzeitigen Lagerorte« im *DGB*, Band 178, Auskunft.

Die **Katholischen Kirchenbücher aus Ostpreußen, Westpreußen und Polen**, die bisher vom Geheimen Staatsarchiv/Preußischer Kulturbesitz in Berlin als Depositum betreut wurden, sind jetzt beim Katholischen Kirchenbuchamt und Archiv, Bavariaring 24, D-8000 München 1, einzusehen.

Westpreußen

Sämtliche katholischen Kirchenbücher befinden sich im Bischöflichen Zentralarchiv, St.-Peters-Weg 11, D-8400 Regensburg 1.

Evangelische Kirchenbücher dieser Regionen befinden sich nach wie vor im Zentralarchiv in Berlin. Außerdem umfaßt das von Christa Stache geschriebene Buch *Die östlichen Kirchenprovinzen der evangelischen Kirche der altpreußischen Union* (Neustadt/Aisch 1989) ca. 7000 Kirchenbücher aus den östlichen Gebieten.

Berlin

behandeln Themal und Ribbe in ihrem Buch *Die evangelischen Kirchenbücher von Berlin* (Neustadt/Aisch

1984). Es enthält die Übersicht der Bestände der Pfarr- und Kirchenarchive der evangelischen Kirche in Berlin-Brandenburg und des Sprengels Berlin (Ost).

Wichtige Kirchenbücher des Norddeutschen Raums

Braunschweig

Das Staatsarchiv Wolfenbüttel besitzt vollständige Kopien der älteren Kirchenbücher des früheren Landes Braunschweig bis zum Jahre 1814.

Bremen

Im Staatsarchiv Stade lagern die sogenannten »Kirchenbuch-Nebenbücher« (Zweitschriften) der Gemeinden der ehemaligen Herzogtümer Bremen und Verden (ohne Land Hadeln). Sie umfassen im allgemeinen die Jahre 1715 bis 1726 und 1751 bis 1852 (es gibt allerdings einige Lücken).

Hamburg

Hier existiert eine *Aufstellung der Kirchenbuchämter* und eine »Kirchenbuchsammelstelle der Nordelbischen Kirche«, u. a. in der Bibliothek der »Genealogischen Gesellschaft Hamburg«.

Mecklenburg

Die betreffenden Kirchenbücher lagern im Domarchiv zu Ratzeburg, Domhof 12, D-2418 Ratzeburg. Sie decken aber meist nur die Zeit bis 1874 ab. Die jüngeren liegen im Mecklenburgischen Kirchenbuchamt, Münzstr. 9, O-2758 Schwerin.

Andere Kirchenbücher

Slowenien

Die Länder Mähren, Österreich, Siebenbürgen und die Slowakei werden ausführlich im *Genealogischen Lexikon* abgehandelt. Die betreffenden Kirchenbücher befinden sich im Zentralarchiv in Laibach (Ljubljana), Archiv Republike Slovenije, Zvezdarska ulica 1, SLO–61000 Ljubljana.

b. Standesämter

Das Registrieren von Geburt, Hochzeit und Tod wird neben den Kirchen auch vom Staat in den örtlichen Standesämtern vorgenommen (in Baden-Württemberg seit Napoleon I., im Deutschen Reich ab 1. 1. 1875, in Hamburg seit 1866, in Preußen seit 1874, in Österreich ab 1. 8. 1938). Personenstandsbücher sind Heirats-, Geburts- und Sterbebücher, die ab dem 1. 1. 1876 geführt werden und der Beurkundung dienen. Für die Zivilstandsregister vor dem 1. 1. 1876 muß das *Genealogische Lexikon* konsultiert werden. Für die Beurkundung von Sterbefällen der Häftlinge aus den Konzentrationslagern ist das Sonderstandesamt Arolsen zuständig.

Was die Zuverlässigkeit von Standesamtsurkunden betrifft, so ist die große Mehrzahl dieser Urkunden sicher richtig ausgestellt und damit ein amtliches Dokument. Bei heutigen Beurkundungen werden immer die vorhergehenden Urkunden herangezogen, so daß Übertragungsfehler selten sind. Je weiter man jedoch in die Anfangszeiten der Standesämter zurückgeht, desto häufiger kommen Hör- bzw. Übermittlungsfehler vor, da die Ersteinträge oft nach den Angaben der Meldenden erfolgten. Die Standesbeamten der damaligen Zeit waren meist keine ausgebildeten Verwaltungskräfte, sondern übten dieses Amt häufig neben ihrem eigentlichen Beruf aus. Das hatte natürlich Rückwirkungen auf die Sorgfalt, mit der die Einträge vorgenommen wurden.

5. Personenkarteikarten und Ahnentafelvordrucke

Nachdem wir uns nun an Kirchenbuch- und Standesämter gewandt haben, sind sicher schon eine ganze Menge von Informationen über Eltern, Großeltern, Urgroßeltern, deren Geschwister usw. angefallen. Nun wird es Zeit, das neue Wissen in geordneter und damit brauchbarer Form immer nach dem gleichen System aufzuschreiben und abzulegen. Dazu führt man am besten eine Kartei, in der jeder einzelne in alphabetischer Reihenfolge aufgeführt wird. (Eine weitere Möglichkeit ist die Erfassung aller Daten per Computer.)

Für besonders geeignet halte ich die DIN- A5-Karteikarten, die beim Starke-Verlag erhältlich sind. Während auf der Vorderseite alle Daten geordnet eingetragen werden, ist auf der Rückseite Raum für alle sonstigen, vielleicht wichtigen Informationen.

Hier noch ein Tip: Als Unwissender kauft man vielleicht 50 Karteikarten und meint, enorm viel erworben zu haben, und zahlt einen entsprechend hohen Preis. Recht bald jedoch merkt man, wie schnell diese Karten ausgehen, und man bestellt 500 Stück – wieder verhältnismäßig teuer. Dann aber hat man den Bogen raus und bestellt gleich 1000 Stück zum günstigsten Preis.

Um sich eine bessere Übersicht zu verschaffen, empfiehlt es sich bei mehreren Familienzweigen, eine Vorauskarteikarte anzulegen, auf der sich eine Kurzübersicht bzw. eine entsprechende Stammtafel befindet. So kann man die Aspiranten gleich leichter zuordnen. Auch

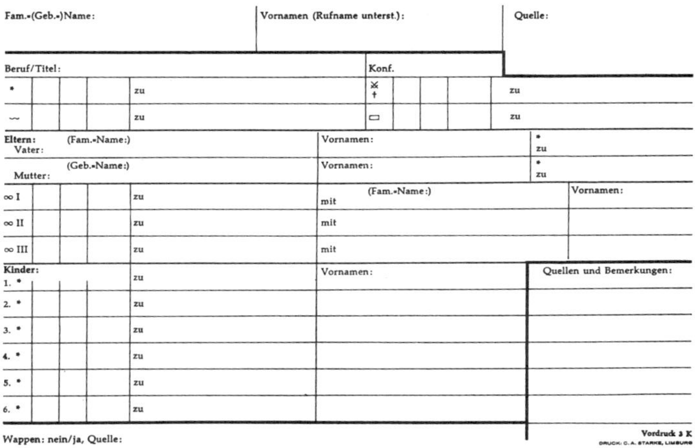
Fam.-(Geb.-)Name: | Vornamen (Rufname unterst.): | Quelle:
Beruf/Titel: | Konf.
* zu | ⚔ † zu
~ zu | ▭ zu
Eltern: Vater: (Fam.-Name:) | Vornamen: | * zu
Mutter: (Geb.-Name:) | Vornamen: | * zu
∞ I zu | mit (Fam.-Name:) | Vornamen:
∞ II zu | mit
∞ III zu | mit
Kinder: 1. * zu | Vornamen: | Quellen und Bemerkungen:
2. * zu
3. * zu
4. * zu
5. * zu
6. * zu
Wappen: nein/ja, Quelle:
Vordruck 3 K
DRUCK: C. A. STARKE, LIMBURG

Abb. 5: Der mögliche Aufbau einer Personenkarteikarte.

eine Karteikarte mit der Erklärung aller verwendeten Abkürzungen darf keinesfalls fehlen.

Der Starke-Verlag , Postfach 310, D-6250 Limburg, bietet auch sogenannte »Entwurfsahnentafelvordrucke« an, die man als vorläufige Skizze verwenden kann. Wenn man bereits einen größeren Überblick gewonnen hat, eignen sich wahrscheinlich die Elternmerkblätter des Degener-Verlags, Postfach 1340, D-8530 Neustadt/Aisch, (s. S. 15) besser. Oder aber man bedient sich der Endlosahnentafel des Starke-Verlages. Schmuckahnentafelvordrucke sind sowohl im Starke-Verlag als auch im Genealogischen Fachbedarf von Gerlinde Paas (Herrenfeldstr. 23, D-3150 Peine-Vöhrum) erhältlich.

Eine sehr gute Idee ist es, mit Aufklebern zu arbeiten; die Etikettenblätter nämlich in eine Schreibmaschine.

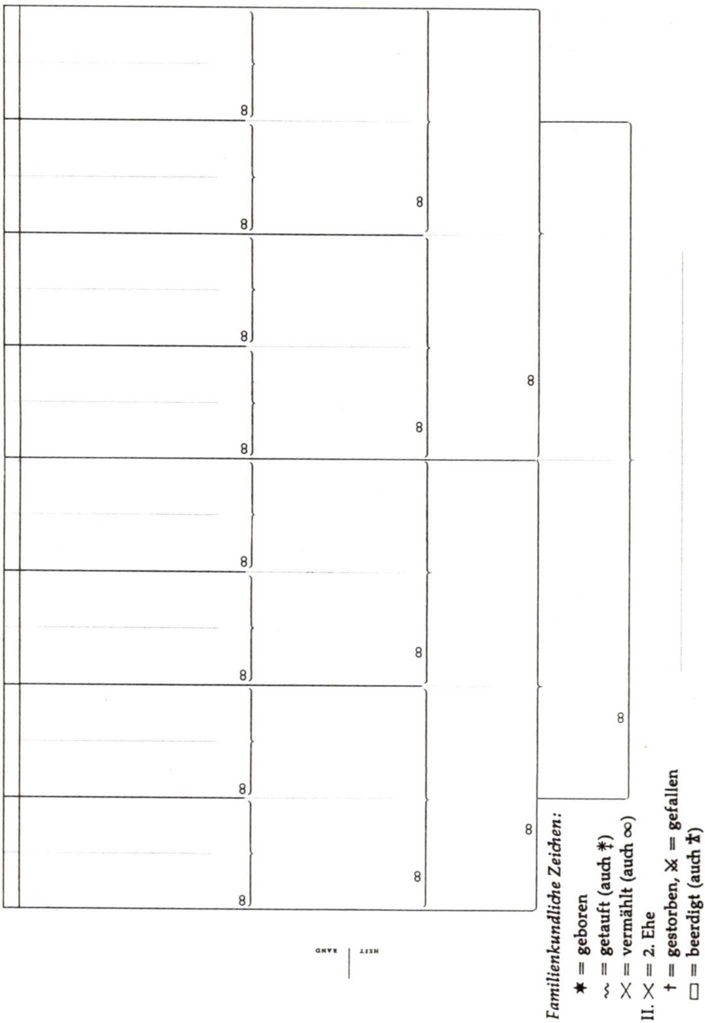

Abb. 6: Die mögliche Form einer Entwurfsahnentafel.

6. Das Sammeln von Lebenserinnerungen und Dokumenten

Bevor wir nun jedoch alle Daten aus den Archiven sammeln, sollten wir erst das festhalten, was uns Eltern, Großeltern oder andere Verwandte über unsere Familie berichten können. Denn was die Lebenden noch wissen, das wird allzuoft mit ins Grab genommen.

a. Lebenslauf und Lebenserinnerungen

Daten, Lebenslauf und Lebenserinnerungen sollten festgehalten werden. Ist ein Verwandter schreibgewandt, so würde es natürlich von großem Nutzen sein, wenn er in Ruhe seine »Memoiren« schriebe. Mindestens jedoch fragen wir nach ihm selbst, nach seinen Eltern und Geschwistern, nach Groß- und Urgroßeltern, nach Vettern und Kusinen, nach Lebensbedingungen und Notzeiten und machen uns Notizen.

b. Dokumente, Fotos und Briefe

Man sollte in der Verwandtschaft auch nach alten Dokumenten, nach Testamenten, Fotos oder Briefen fragen. Prüfen Sie, ob es nicht auch bei Ihnen den sprichwörtlichen alten Koffer auf dem Dachboden gibt oder die Truhe im Keller. Welche Freude, wenn man an solchen Orten alte Liebesbriefe, mit einer rosa Schleife zusammengehalten, Kriegserinnerungen, Skizzenbücher oder sogar Daguerreotypien aufstöbert! Wenn Sie fündig geworden sind, dann sollten Sie die Dokumente und alten Briefe in Plastikhüllen schieben und in einem Ringbuch gut verwahren. Benutzen Sie aber auf jeden Fall säurefreie Hüllen ohne Weichmacher, also ausschließlich Polycarbonatfolien. Erhältlich sind sie bei der Sichthüllenfabrik Adalbert Reif (Postfach 501209, D-2000 Hamburg 50), bei Gerlinde Paas (s. S. 35) oder auch bei der Firma Langheck & Co (Ulmer Str. 34, D-7300 Eßlingen).

Stoßen Sie bei Ihrer Suche auf **Briefe**, so werden Sie häufig feststellen, daß sie noch in Sütterlin oder Deutscher Schrift aufgesetzt sind. In den Briefen werden vielleicht noch unbekannte Verwandte erwähnt. Daher müssen sie sorgfältig ausgewertet werden, und die ungewohnte Schrift darf kein Hinderungsgrund sein. Sie sollten sich also in einem Schreibwarengeschäft ein Normblatt kaufen, um die Schrift zu üben. Danach wird Ihnen auch das Lesen leichter fallen.

Alte **Fotos** sind für Ihre Familienchronik nur dann tauglich, wenn Sie die abgebildeten Personen eindeutig zuordnen können. Suchen Sie dazu Unterstützung bei Ihren älteren Verwandten und beschriften Sie die Fotos dann auf der Rückseite (nur mit Bleistift und niemals mit Kugelschreiber oder einem anderen abfärbenden Stift). Wenn die Qualität der Fotos problematisch ist, d. h., sind sie braun oder fleckig, so ist es mit dem Tontrennverfahren möglich, diese Schäden fast vollkommen zu beheben. Ich selbst habe gute Erfahrungen mit der Fotoklinik

Abb. 7: Die Deutsche Schrift, wie sie 1915 von dem Berliner Grafiker Sütterlin (1865–1917) geschaffen wurde.

Struckmeyer (Junkerstr. 15a, D-7701 Büsingen) gemacht. Der Luxus »aufbereiteter« Fotos ist jedoch nicht ganz billig.

Abb. 8: Friedrich Wilhelm Eitner als Lehrer in Sponsberg/Niederschlesien mit seiner Klasse, um 1875; links die vergilbte, rechts die aufbereitete Form. (Übrigens war das Originalfoto falsch herum abgezogen, was erst aus der sichtbar gemachten Schrift hervorging.)

c. Wonach man alte Verwandte fragen kann

Nur, wenn Sie gezielte Fragen stellen, werden Sie auch befriedigende, ergiebige Antworten erhalten. Der folgende Fragenkatalog wird Ihnen bei der Vorbereitung auf Ihren Besuch bei der Großmutter, dem Onkel oder Vetter zweiten Grades gute Dienste leisten.

Lebensdaten (mit Urkunden):	Geburt, Taufe, Heirat, Tod.
Lebenslauf:	Kindheit, Schulzeit (Zeugnisse!), Ausbildung, Beruf, Kennenlernen, Heirat, Umzüge, Reisen.
Religion:	Taufe, Konfirmation/Firmung/Kommunion, Kirchenmitgliedschaft, Gemeindeaktivität, Verlobung, Aufgebot/Hochzeit, Familienbibel, Gesangbücher.
Staatliche Dokumente:	Staatsbürgerschaft, Pässe, Militärzeit, Orden und Ehrenzeichen, Diplome, Gewerbescheine, Pension/Rente, Gerichtsakten, Auswandererpapiere.
Besitzdokumentation:	Erbschaften, Grundbesitz, Geldsituation, Verträge, Testamente, Steuerunterlagen, Hypothekenbriefe.
Gesundheitsdokumentation:	Krankheiten, Krankenhausaufenthalte, Arztrechnungen, Impfungen, Versicherungen.
Persönliche Aufzeichnungen:	Poesiealben, Tagebücher, Wirtschaftsbücher, Briefe, Heiratsalben, Arbeitsbücher, Leichenpredigten.
Bilder:	Ölbilder, Fotos, Zeichnungen, Skizzenbücher.
Erinnerungen:	Verwandte, ihr Aussehen und Wesen, die Gräber der Vorfahren, die eigene Vergangenheit in dem gegebenen gesellschaftlichen Umfeld.
Alte Familienstücke:	Wappen, Monogramme und Initialen auf Silberbesteck, Schmuck, Möbel, Porzellan, Siegel, Gravuren in Eheringen.
Persönliche Einstellungen zu:	Politik, Religion, Musik, Kunst.

d. Arbeitsmethode

Wohin nun mit all den gesammelten Unterlagen?

Wir können zuerst einfache Aktendeckel nehmen, für jede Person einen, mit Namen und Geburtsdatum beschriften und dann alles über die betreffende Person hineinsortieren. Bezieht sich ein Brief oder ein Foto auf mehrere Anverwandte gleichzeitig, so müssen Querverweise gemacht werden, und zwar auf der Rückseite der Karteikarten (z. B. Foto von 1883, s. bei...) Wenn man Geld und Platz genug hat, kann man z. B. in einer Schrankwand große Schübe mit Teleskopschienen versehen und dann Hängetaschen beschaffen. Dies ist wohl die effektivste und übersichtlichste Methode, Personenakten abzulegen.

Ein systematisches Vorgehen bei der Aufzeichnung und Ablage der Daten ist unbedingt erforderlich. Die Nichtbeachtung erprobter Arbeitsregeln kann einen Familienforscher, der schon umfangreiches Material erarbeitet hat, an der Fülle dieses Materials sonst schier verzweifeln lassen. Wieviele Stunden habe ich schon mit nutzlosem Herumsuchen verbracht!

Nehmen Sie keine losen Zettel in Kleinformat, sondern DIN-A4-Blätter. Halten Sie Informationen aus *einer* Quelle auf *einem* Blatt fest, aus einer *anderen* auf einem *neuen* Blatt. Geben Sie die Quelle mit der Archivsignatur oben an, und notieren Sie sodann die entsprechende Seitenzahl. Vermerken Sie das Datum der Eintragung unten auf dem Blatt, da später z. B. ein neues Register oder eine neue Archivauswertung hinzugekommen sein könnten.

Lochen Sie die Blätter vorher, damit nicht Daten mit dem Locherkonfetti verschwinden. Am besten ist es natürlich, links und rechts einen ca. 3,5 cm breiten Rand zu lassen – auch, um später Anmerkungen machen zu können.

Schließlich erfordert systematisches Arbeiten als Familienforscher auch noch, daß Sie über die Ahnenbezeichnungen Bescheid wissen:

Bezeichnung	Generation	Ahnentafelnummer
Proband		1
Eltern	I	2.–3.
Großeltern	II	4.–7.
Urgroßeltern	III	8.–15.
Alteltern	IV	16.–31.
Altgroßeltern	V	32.–63.
Alturgroßeltern	VI	64.–127.
Obereltern	VII	128.–255.
Obergroßeltern	VIII	256.–511.
Oberurgroßeltern	IX	512.–1023.
Stammeltern	X	1024.–2047.
Stammgroßeltern	XI	2048.–4095.
Stammurgroßeltern	XII	4096.–8191
Ahneneltern	XIII	8192.–16383.
Ahnengroßeltern	XIV	16384.–32767.
Ahnenurgroßeltern	XV	32768.–65535
Urahneneltern	XVI	65536.–131071.
Urahnen-Großeltern	XVII	131072.–262143.
Urahnen-Urgroßeltern	XVIII	262144.–524287.
Erzeltern	XIX	524288.–1048575.
Erzgroßeltern	XX	1048576.–2097151
Erzurgroßeltern	XXI	2097152.–4194303.
Erzahneneltern	XXII	4194304.–8388607
Erzahnen-Großeltern	XXIII	8388608.–16777215
Erzahnen-Urgroßeltern	XXIV	16777216.–33554431

II. Teil:

Familien- und Stammbaumforschung für den Fortgeschrittenen

1. Unterstützung bei der Erstellung der Ahnentafel

Mit dem ersten Teil des Buches haben wir die Grundlagen zur Erstellung der Ahnentafel geschaffen. Auf einer Ahnentafel (Aszendententafel) werden in übersichtlicher Form die Ahnen eines Menschen (Probanden), also seine Eltern, Großeltern, Urgroßeltern usw., dargestellt. Im Unterschied dazu weist eine Stamm- oder Nachfahrentafel (Deszendententafel) die Personen, oft in einem Stammbaum, nach, die von einem Stammelternpaar abstammen.

Inzwischen haben wir überprüft, ob andere Forschun-

Abb. 9: »…, dann werden aus den einzelnen Blättern Stöße von Papier …«

gen auf demselben Gebiet existieren, und wir haben Verzeichnisse wie das *Deutsche Geschlechterbuch* durchgeschaut. Nun also kommt der nächste Schritt, der uns entweder in die Bibliothek unseres genealogischen Vereins oder in das zuständige Stadt- oder Staatsarchiv führt.

a. Verzeichnisse gedruckter Quellen

Die *Familiengeschichtlichen Bibliographien* (Neustadt/Aisch 1925 ff.), die von der alten Zentralstelle für deutsche Personen- und Familiengeschichte in Leipzig herausgegeben wurden, befinden sich in der Zentralstelle in Frankfurt. Nach dem Kriege wurden sie neu gedruckt und erschienen als Band 1 bis 6 im Verlag Dr. M. Sändig (Wiesbaden 1969) und als Band 7 mit den Teilen 1 bis 7 im Degener-Verlag (Neustadt/Aisch 1951–1967). Der Heinzmann Verlag, Postfach 300428, D-4000 Düsseldorf 30, hat mit *Bibliographie gedruckter Familiengeschichten, 1946 bis 1960* (Düsseldorf 1990) ein ähnliches Werk veröffentlicht. Ferner gibt es noch »Der Schlüssel« (Göttingen 1950 ff.), das »Gesamtinhaltsverzeichnis genealogischer Zeitschriften« und die »Familiengeschichtlichen Quellen« (Düsseldorf 1990), ein Werk mit fast zwei Mio. Namensnennungen.

Berlin

»Gedruckte Familiengeschichten« von O. Gundlach in der *Bibliotheca familiarum nobilium* (Berlin 1886; Neustrelitz 1897) decken Berlin und Umgebung ab.

Hamburg

Von Möller-Tecke gibt es ein mehrbändiges *Verzeichnis gedruckter Quellen hamburgischer Familiengeschichten* (Hamburg 1971 ff.), das die Hamburgforscher auf jeden Fall erst einmal durchsehen sollten.

Weitere Familiengeschichten, wie z. B. das Baltikum, Banat, Greifswald, Pommern, Stralsund oder Westpreußen betreffend, finden sich im *Genealogischen Lexikon*. Schließlich finden sich auch im *Druckschriftenverzeichnis* (Neustadt/Aisch 1990) der »Deutschen Arbeitsgemeinschaft Genealogischer Verbände« besondere, auf einzelne Familien bezogene Titel der genealogischen Vereine, die sehr hilfreich sein können.

b. Mitgliederverzeichnisse der genealogischen Vereine

Schauen Sie sich die Mitgliederverzeichnisse Ihres Vereins und vielleicht auch anderer genealogischer Vereine an, in denen Mitglieder *und* Forschungsgebiete angegeben sind. Denn warum in die Ferne schweifen, wenn vielleicht der Vereinsnachbar sogar schon nach demselben Namen fahndet?

c. Familienarchive in öffentlichem und privatem Besitz

Das Verzeichnis *Familienarchive in öffentlichem und privatem Besitz* (Neustadt/Aisch 1977) sollten Sie ebenfalls möglichst prüfen, bevor Sie in Ihrer Arbeit zu weit fortgeschritten sind. Wie stark die Popularität der Familienforschung gewachsen ist, läßt sich leicht daraus ersehen, daß dieser Band, der eigentlich ein Adreßbuch ist, 1972 noch 82 Seiten, 1977 aber bereits 154 Seiten umfaßte.

d. Der Ahnenlisten-Umlauf (ALU)

In einem Ahnenlisten-Umlauf werden Ahnentafeln gesammelt und an alle Abonnenten in Umlauf geschickt, so daß jeder die Ahnentafeln des anderen auf gleiche Namen hin durchforsten kann.

Die »Deutsche Arbeitsgemeinschaft Genealogischer Verbände« hat Richtlinien für den Ahnenlisten-Umlauf herausgegeben und schreibt dazu: »Unzählige Ahnenlisten liegen unveröffentlicht bei Familienforschern, viele Forschungen werden doppelt und dreifach unternommen, Zeit, Geld und Kraft unnötig geopfert, Kirchenbücher und Archive unnötig beansprucht. Mancher Anschluß und mancher tote Punkt bleiben ungeklärt, obwohl der ›genealogische Nachbar‹ diese Ergebnisse längst vorliegen hat. ...Der ALU ist ein Gemeinschaftsunternehmen der Teilnehmer, das nur von deren Beiträgen finanziert wird. Erleichtern Sie unsere Arbeit, indem Sie die Richtlinien beachten.« Fordern Sie die Richtlinien an bei Dr. Hans Nessler, Postfach 1764, D-4750 Unna.

Der Leipziger Genealoge Karl Förster gründete 1921 einen Ahnenlisten-Umlauf, der von Kurt Wensch aus Dresden weitergeführt und schließlich von der Zentralstelle in Leipzig übernommen wurde. Auch die Zentralstelle für Personen- und Familiengeschichte in Frankfurt führt einen Ahnenlisten-Umlauf (der Herausgeber ist Rainer Bien, Hauptstr. 70, D-3061 Beckedorf). Hierzu gibt es die Ahnenlisten-Kartei (Neustadt/Aisch 1975 ff.), in der die Ahnenlisten der einzelnen Ahnenlisten-Umläufe ausgewertet wurden. Der »Bayerische Landesverein für Familienkunde« in München gibt ebenfalls seine Ahnenlisten in Umlauf.

e. Ahnenlisten und Stammtafeln in den genealogischen Vereinen

Jeder genealogische Verein sammelt Ahnenlisten und Stammtafeln, die oft ein ganzes Stück weiterhelfen, insbesondere wenn sie alphabetisch geordnet sind und ein Register haben. So ist z. B. die Ahnenstammkartei (Astaka) der ehemaligen Deutschen Ahnengemeinschaft, die 1945 durch Kurt Wensch gerettet und unter großen persönlichen Opfern weiter ausgebaut wurde, eine vollständige Verkartung der Ahnenlisten, Ahnentafeln berühmter Deutscher, Ahnentafeln um 1800, Ahnenreihen aus allen deutschen Gauen, dem *Deutschen Geschlech-*

terbuch, dem *Deutschen Familienarchiv*, unbekannter Literatur usw. Da auf einer Karte bis zu fünf Generationen festgehalten sind und die Ahnenstammkartei schon 1967 eine Länge von über 200 Metern hatte, können Sie sich vorstellen, was es dort alles zu finden gibt!

Es ist schade, daß dasselbe oft mehrmals erforscht wird. Aber noch trauriger ist es, daß im allgemeinen jeder Verein eine andere Ahnenliste von seinen Mitgliedern haben will. Hier wäre eine Vereinheitlichung von großem Nutzen und im Prinzip auch mit Hilfe moderner Computertechnologie möglich. Es gibt drei Organisationen, die erste bedeutende Schritte in diese Richtung gemacht haben und Ihnen mit Vorgaben und Anweisungen weiterhelfen können:

- In der Spitzenahnenkartei der Arbeitsgemeinschaft ostdeutscher Familienforscher (AGoFF) sind die ältesten bekannten Ahnen alphabetisch geordnet. Zuständig ist Frau Ruth Hoevel, Frankfurter Str. 14a, D-3550 Marburg.
- In der Ahnenstammkartei der Deutschen Zentralstelle für Genealogie in Leipzig sind alle gesammelten Ahnen in Form von Ahnenstämmen verkartet.
- Die Spitzenahnenauswertung der Arbeitsgemeinschaft für Mitteldeutsche Familienforschung (AMF) arbeitet bisher als einzige Organisation mit EDV. Zuständig ist Herr Prof. Dr. Hans-Joachim Anderson, Goldbergstr. 23, D-3550 Marburg-Cappel.

f. Personenlexika

Hier sollen nur die wichtigsten genannt sein:
- *Meyers großes Personenlexikon* (Mannheim 1968 ff.)
- *Allgemeine deutsche Biographie*
- Constantin von Wurzbach, *Biographisches Lexikon* (Leipzig)
- *Neue Deutsche Biographie* (Berlin 1953 ff.)

Vielleicht hat man ja das große Glück, dort schon eine Lebensbeschreibung zu finden.

g. Archive und Archivarbeit

Die meisten Archive verwahren gesammelte Ahnenlisten. So das Bundesarchiv (Potsdamer Str. 1, D-5400 Koblenz), das Militärarchiv (Wiesenthalstr. 10, D-7800 Freiburg/Breisgau), das Bayerische Hauptstaatsarchiv (Schönfelderstr. 5, D-8000 München 22) und zahlreiche andere Stadt-, Staats- und Bistumsarchive.

Jeder Archivbesuch muß vorher sorgfältig vorgeplant und selbstverständlich auch in dem betreffenden Archiv angemeldet werden. Es mag durchaus sinnvoll sein, zuvor Suchlisten anzufertigen oder sogar die eigenen Personenkarteikarten mitzunehmen. Vergessen Sie nicht, sich auch zu notieren, wenn die gesuchten Daten *nicht* gefunden wurden, um spätere Doppelarbeit zu vermeiden. Kopiergeräte stehen heute fast überall zur Verfügung, vergessen Sie also nicht das nötige Kleingeld. Da man aber alte Kirchenbücher nicht so strapazieren sollte, kann man mit einem kleinen Handkopierer wenigstens einzelne Passagen oder Unterschriften herauskopieren. Denken Sie bei Kopien jedoch grundsätzlich daran, auf der Rückseite der Kopie die Quelle zu vermerken! Bei Urkunden mit Siegeln sollte man fotografieren, ebenso bei großformatigen Blättern, Farbdarstellungen usw.

Die folgenden Regeln sollten Sie bei jedem Archivbesuch beachten:

- Verwenden Sie Originale nicht als Schreibunterlage; pausen Sie nicht ab, streichen Sie keine Namen an.
- Halten Sie Butterbrot und Getränke von den Originalen fern (Aus einer Trinkhalmtüte ist mir einmal Orangensaft durch Überdruck auf ein Originalkirchenbuch gespritzt. Nie wieder!).
- Prüfen Sie vorab das Register bzw. den Index (falls vorhanden): Ist der *gesamte* Aktenbestand bzw. Zeitraum erfaßt? Sind *alle* Namen aufgeführt (Käufer *und* Verkäufer; Braut *und* Bräutigam)?
- Die Einordnung der Buchstaben im Register ist sehr unterschiedlich. Wenn Sie also einen Namen suchen, dann denken Sie daran, daß C und K zusammengefaßt und die Umlaute unterschiedlich eingeordnet sein können.
- Achten Sie auf unterschiedliche Schreibweisen ein und desselben Namens. Früher wurden die Namen oft nach dem Gehör geschrieben, Verwechslungen von B und P, F und V usw. sind also häufig vorgekommen.
- Schreiben Sie alle Fakten ab, die auf dem Original stehen. Was im Augenblick unwichtig erscheint, kann später von Wert sein.

– Tragen Sie grundsätzlich gleich nach Rückkunft Ihre Aufzeichnungen mit genauer Quellenangabe in die Personenkarteikarten ein.

h. Genealogical Society Salt Lake City (Gen. Soc. SLC)

Die Genealogische Gesellschaft der Mormonen in Salt Lake City hat eine ganz gewaltige Leistung vollbracht: Millionen von Mikrofilmen genealogischen Inhalts werden in Felsenbunkern bei Salt Lake City (SLC) aufbewahrt und sind über Mikrofilmlesegeräte abrufbar. 1986 gab es über 1,5 Mio Mikrofilme, also ca. 1,5 Milliarden Seiten! Der Bestand an deutschsprachigen Mikrofilmen ist etwa wie folgt:

Deutschland	63568
Österreich	14509
Schweiz	6319

In der Zeitschrift des Korb'schen Sippenarchivs, *Die Fundgrube* (Regensburg 1970, Heft 36), gibt es ein Verzeichnis über die von der Genealogical Society verfilmten ostdeutschen Kirchenbücher. Dort sind auch die in Berlin lagernden Standesamts-Nebenregister enthalten.

Alles Wissenswerte über die riesige Bibliothek ist in dem englischsprachigen Werk *The Library* (Neustadt/Aisch 1989) beschrieben. Aber auch in den Forschungsheften der Genealogical Society (Salt Lake City 1974, Serie C., Nr. 1) kann man über die Gesellschaft nachlesen.

i. Kleinere Fundorte

- Das Informationszentrum Fritz Lüder (Postfach 2652, D-4950 Minden) hilft bei Familien- und Namensforschung, Familien- und Städtewappen.
- Das Archiv Karl R. Pawlas (Publizistische Archive, D-8729 Schloß Burgpreppach) hat für Heraldik und Genealogie 20000 Wappen, 2000 Nachschlagewerke, biographische Angaben über 300000 Personen, 15000 Bildnisse und 60000 Zeitschriften zur Verfügung.
- Die Personenkartei Marburg (Biegenstr. 11, D-3550 Marburg) besitzt ca. 7000 Nachweise über porträtierte Personen und Künstler.
- Findbücher gibt es, z. B. zur Stammbuchsammlung, für den Bestand des Schleswig-Holsteinischen Landesarchivs, zum Bestand der Stadt Bad Gandersheim, für das Stadtarchiv Buxtehude usw.
- *Lebensbilder* (Neustadt/Aisch 1971/1985) mit 5200 Lebensbeschreibungen aus allen deutschen Regionen mit einem Registerband von Elisabeth Friedrichs.

Hamburg

Hamburgische Lebensbilder in Darstellungen und Selbstzeugnissen (Hamburg 1989) in drei Bänden, herausgegeben vom Verein für Hamburgische Geschichte (Staatsarchiv, ABC-Str. 19, D-2000 Hamburg 36).

Niedersachsen

Dr. Heinrich Meyerholz, beschreibt in *Bodenständige Familien in den Grafschaften Hoya und Diepholz* (Hannover) ca. 3800 Familien.

j. Standesämter und Kirchen

Forscht man nach Anverwandten ab der zweiten Hälfte des 19. Jahrhunderts, so sollte man zuerst die Personenstandsregister der verschiedenen Standesämter einsehen. Um die entsprechenden Kirchenbüros und Archive anzu-

Auszug aus dem Tauf(Geburts=)register

Inhalt und Schreibweise wortgetreu wiedergeben. Selbstverständlich nur solche Angaben machen, welche in der Original-Urkunde enthalten sind. – Nichtzutreffendes bitte durchstreichen. – Bei Kirchgemeinden ist Religionsbekenntnis anzugeben.

Zeichenerklärung: * = geboren, ~ = getauft (auch ✝), † = verstorben.
Auf Orts- und Verwandtschafts-Hinweise achten, die für Anschlußforschungen wichtig sind.

der ________ Kirchgemeinde/Bürgermeisterei/Gemeinde ________

Jahr, Monat, Tag
und Ort der Geburt (*)
Taufe (~)

Name des Kindes

Name, Stand
oder Gewerbe
und Wohnort der Eltern

Name
der Taufpaten

Für die Richtigkeit des vorstehenden Auszuges

________, den ________ 19___

Vordruck 7 a. Kleine Auszüge aus Kirchenbüchern (Taufe). – Nachdruck verboten.
Fachverlag C. A. Starke, Limburg an der Lahn.

Abb. 10: Der Vordruck für Anfragen zum Taufregister.

schreiben, kann man sich auch der Vordrucke (7 a, b, c) des Starke-Verlages für entsprechende Auszüge aus dem Tauf-, Trau- und Sterberegister bedienen. Bedenken Sie, daß die Pastoren, Priester und Kirchenbuchführer viele Aufgaben zu versehen haben und den Genealogen Auskünfte nur aus reiner Hilfsbereitschaft erteilen. Man sollte ihnen Ihre Hilfsbereitschaft also so leicht wie möglich machen und sich in entsprechender Geduld üben.

Geben Sie grundsätzlich auf dem Briefbogen Ihre vollständige Adresse an, da die Umschläge oft weggeworfen werden. Fügen Sie unbedingt Rückporto bei! Für das Ausland gibt es bei der Post Internationale Antwortscheine. Legen Sie sich für diese Art Adressen eine kleine, nach Orten geordnete DIN-A7-Kartei an, und sammeln Sie in ihr die Adressen von Standesämtern, Kirchen, Pastoren usw. mit einem Vermerk, ab welchem Datum die Kirchenbücher jeweils geführt wurden.

Als Abschluß dieses Kapitels wollen wir uns noch einen Überblick darüber verschaffen, über welche Zeitabschnitte uns die einzelnen Quellen Aufschluß geben können:

In welchem Jahrhundert ist die Quelle vorhanden?
Art der Quelle
13
14
15
16
17
18
19
20
1. Standesamtsregister
2. Schiffs- oder Passagierlisten
3. Adreßbücher
4. Auswandererlisten
5. Einwohnermeldelisten
6. Kirchenbuch-Zweitschriften
7. Kirchenbücher
8. Leichenpredigten
9. Universitätsmatrikeln
10. Volkszählungslisten
11. Hausbücher
12. Bürgerbücher
13. Testamente
14. Zunft-, Lehrlings- und Gesellenbücher
15. Grundbücher, Kaufbücher, Überschreibungen usw.

2. Ablage und Merkkarteien

Beide sind unerläßlich, und je sorgfältiger wir sie führen, desto eher finden wir etwas wieder. Weiter oben haben wir ja bereits die Personenkartei und die Personenakten erwähnt. Geschichtsbücher, Sagenbücher, Sachbücher und Zeitschriften müssen nicht unbedingt griffbereit in einem Regal stehen. Unverzichtbar ist es jedoch, über das angesammelte Wissen und seinen Ursprung Karteien anzulegen. Dies kann unter den folgenden Stichpunkten geschehen.

a. Ortskartei

Sie ist sinnvoll, um ganz allgemein Adressen festzuhalten. Briefpartner, mit denen man nur selten korrespondiert, kann man sich besser unter ihrem Wohnort als unter ihrem Nachnamen merken. Auch um auf in Büchern und anderen Quellen genannte Orte hinzuweisen, ist sie nützlich. Darüber hinaus erleichtert sie die Erstellung eines Ortsregisters für Familienbriefe.

b. Geschichtskartei

Hier werden aus den bereits durchgearbeiteten Büchern Daten und Querverweise auf Geschichtsdaten festgehalten, so daß z. B. bei der Beschreibung eines Altvorderen von 1770 bis 1820 diese Kartei für die geschichtlichen Ereignisse jener Zeit herangezogen werden kann. Selbstverständlich müssen die Titel, Erscheinungsjahre und -orte von den als Quellen herangezogenen Büchern oder Zeitschriften mit entsprechenden Seitenangaben festgehalten werden, damit man etwas wiederfindet oder um einem anderen die Nachprüfbarkeit zu ermöglichen.

c. Sachkartei

Sie kann von Nutzen sein, um Hinweise verschiedener Art, z. B. Hugenotten-Adressen, Vereine usw., aufzunehmen oder um die Bedeutung eines Wortes, das im Lexikon nicht zu finden ist, festzuhalten.

d. Zeitschriftenkartei

Vom genealogischen Verein wird zusammen mit der Vereinszeitung das Blatt »Familienkundliche Nachrichten« geliefert, das wir genau durchlesen sollten wegen sich eventuell überschneidender Forschungsbereiche. Ähnliche Blätter werden auch von anderen Vereinen zugesandt, und man muß wissen, ob man sie schon geprüft hat. Am besten hilft man sich da mit einer Zeitschriftenkartei, in die alle Zeitschriften eingetragen werden, die bereits durchgesehen wurden.

Lagern Sie Ihre Unterlagen und Gegenstände wie Siegel, Orden usw. so, daß sie vor Feuchtigkeit und auch vor

Feuer geschützt sind. Am besten ist es, man legt sich ein Familienarchiv an, in dem alle Dokumente, Aufzeichnungen, Bilder, Erbstücke usw. gesammelt und aufbewahrt werden. Wertvoll für das Familienarchiv ist alles, was uns oder unseren Nachkommen über unsere Vorfahren und deren Leben Auskunft gibt. Und die gemachten Aufzeichnungen könnte man übersichtlich gegliedert ablegen in eigenen Ordnern:

- Aufzeichnungen aus Pfarrarchiven/Kirchenbuchämtern
- Aufzeichnungen aus öffentlichen Archiven/Staats- und Stadtarchiven
- Aufzeichnungen aus privaten Archiven
- Aufzeichnungen und Kopien aus Druckwerken/Büchern/Lexika
- Familienmappe mit Übersichtstafeln.

In den betreffenden Ordnern sollten die Archive alphabetisch nach Ortsnamen geordnet werden.

3. Übersichts- und Prüflisten

Nun haben wir uns ausführlich mit Ablagen und Merkkarteien befaßt. Mit der Zeit wird deren Umfang jedoch so anwachsen, daß wir wiederum zu viele Stunden mit Suchen verbringen würden. Um also die Übersicht nicht zu verlieren, erstellen wir uns einige Übersichtslisten.

a. Die grobe Übersicht

Um zu wissen, ob wir auch alle Quellen auf die gesuchten Namen geprüft haben, legen wir uns eine Liste in der Forschungsreihenfolge an, die so aussehen könnte:

Quellen	Namen				
	Albers	Beyer	Dick	Puvogel	Richter
1 a Forscherkontakte					
1 b VdFF					
1 c Glenzdorf, Internat. Geneal.-Lexikon					
2 a DGB					
2 b DFA					
2 c ÖFA					
2 d SGB					
3 a Bibliographie (s. a. 4 b)					
3 b Verz. gedr. Quellen					
3 c Gedr. Familiengeschichte					
4 a Mitgliederverz. geneal. Vereine					
4 b Bibliographien geneal. Vereine					

Je mehr Quellen wir untersuchen, desto länger und damit auch unübersichtlicher wird diese Liste. Es ist daher zweckmäßig, eine zweite Übersichtsliste, jedoch in *alphabetischer* Reihenfolge, anzulegen:

Quellen	Namen				
	Albers	Beyer	Dick	Puvogel	Richter
3a Bibliographie (s. a. 4b)					
4b Bibliographien geneal. Vereine					
2b DFA					
2a DGB					
1a Forscherkontakte					
1c Glenzdorf, Internat. Geneal.-Lexikon					
3c Gedr. Familiengeschichte					
4a Mitgliederverz. geneal. Vereine					
2c ÖFA					
2d SGB					
1b VdFF					
3b Verz. gedr. Quellen					

b. Archivlisten

Zu Ihrer Routine als Genealoge sollte nicht nur die gründliche Vorbereitung jedes Archivbesuchs gehören, sondern auch das Anlegen einer Übersicht, in der Sie vermerken, welche Werke Sie auf *die* Familien, die Sie suchen, überprüft haben. Diese Liste muß nicht alphabetisch sein, da ihr Umfang ja durch die begrenzte Aufenthaltsdauer im Archiv bestimmt wird.

c. Handbuch-Übersichtsliste

Größere Nachschlagewerke und Handbücher können mitunter so ergiebig sein, daß es sich lohnt, für sie eigene Tabellen anzufertigen. Lassen Sie jedoch das Anfertigen solcher Hilfsmittel nicht zum Selbstzweck werden. Bedenken Sie immer, daß sie Ihnen lediglich zur Zeiteinteilung und -ersparnis dienen sollen.

d. Personen-Übersichtsliste

Schließlich sollten Sie für jeden Familiennamen ein eigenes Verzeichnis anlegen, in dem Sie die einzelnen Familienmitglieder auflisten und eintragen, auf welche Werke hin Sie sie bereits überprüft haben.

e. Einzelpersonen-Fragenkatalog

Im allgemeinen entscheiden ohnehin die äußeren Bedingungen, also die Quellensituation, darüber, wie tief ein Genealoge die Persönlichkeit seines Vorfahren ergründen kann. Sind jedoch noch lebende Zeitzeugen vorhanden, dann mag der folgende ausführliche Fragenkatalog nützlich sein (s. a. S. 40f.):

I. Persönliche Lebensdaten

1. Geburtstag/-ort
2. Taufe
3. Firmung/Kommunion/ Konfirmation
4. Schul-/Berufsbildung
5. Abschlüsse
6. Militärzeit
7. Verlobung
8. Heirat
9. Todestag/-ort
10. Beerdigungstag/-ort

II. Familiendaten

1. Eltern
2. Vorfahren, väterl./mütterl.
3. Onkel/Tanten
4. Vettern/Kusinen
5. Geschwister
6. Ehe-/Lebenspartner(in)
7. Kinder, ehel./unehel.

III. Äußerliche Erscheinung

1. Körpergröße
2. Körpergewicht
3. Körperbau
4. Haarfarbe/-art
5. Augenfarbe
6. Sehkraft (Brille?)
7. Bes. Merkmale
8. Links-/Rechtshänder
9. Abbildung/Foto

IV. Allgemeine Eigenschaften

1. Gesundheit
2. Krankheiten
3. Leistungen
4. Auszeichnungen
5. Begabungen
6. Interessen
7. Beziehungen (Freunde usw.)
8. Reisen

V. Charaktereigenschaften

1. ehrlich/unehrlich
2. fleißig/faul
3. freigebig/geizig
4. geduldig/ungeduldig
5. gesellig/ungesellig
6. hilfsbereit/egoistisch
7. humorvoll/humorlos
8. intelligent/einfach
9. mutig/feige
10. optimistisch/pessemistisch
11. ruhig/nervös
12. schnell/langsam
13. sparsam/leichtsinnig
14. sympathisch/unsympath.
15. temperamentvoll/ phlegmatisch
16. zuverlässig/unzuverlässig

4. Das Auffinden persönlicher Lebensdaten

Die Quellen für genealogische Daten sind nahezu unerschöpflich. Je weiter man allerdings vordringt, desto unergiebiger werden sie. Da aber auch ein kleines Detail bei der Überwindung eines toten Punktes helfen kann, wird man die Mühe nicht scheuen.

a. Bibel- und Gesangbucheintragungen

Früher haben die Familien ihre Genealogien oft in Bibeln oder Gesangbüchern eingetragen. Die Frage nach alten Familienbibeln lohnt sich also!

b. Heiratsnachweis

Hamburg

Aus den Hochzeitenbüchern der Wedde können viele Hochzeitspaare ermittelt werden, oft mit Angaben über Eltern, Berufe usw. (s. Abb. 12, S. 68).

Ein Registerband für die geschlossenen Ehen ab 1710 steht im Lesesaal des Staatsarchivs. Die Weddeeintragungen von 1600 bis 1710 (ohne Register) müssen bei dem Aufsichtsbeamten angefordert werden.

Eine weitere Quelle können auch Hochzeitsgedichte sein.

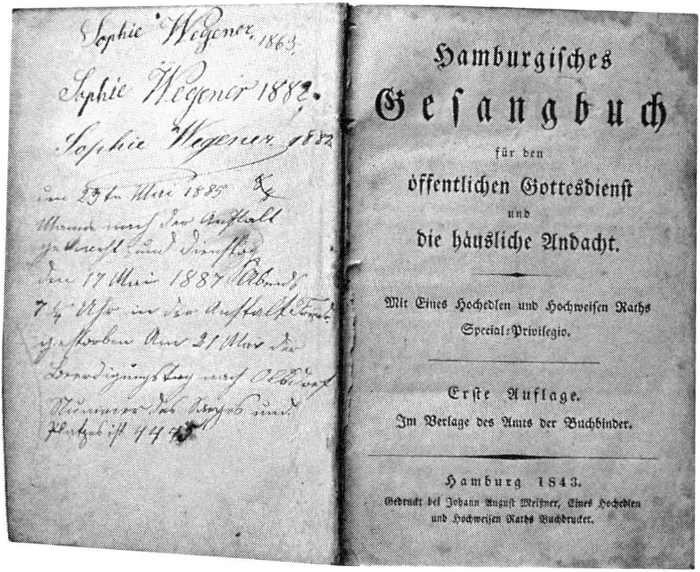

Abb. 11: Genealogische Eintragungen in einem Hamburger Gesangbuch von 1843.

Mecklenburg

Franz Schubert, *Kopulationsregister aus mecklenburgischen Kirchenbüchern* (Göttingen 1983).

Schlesien

Ein Register zu 18 000 Heiratsanzeigen ist in den *Schlesischen Provinzblättern von 1785 bis 1870* (Neustadt/Aisch 1991) zu finden.

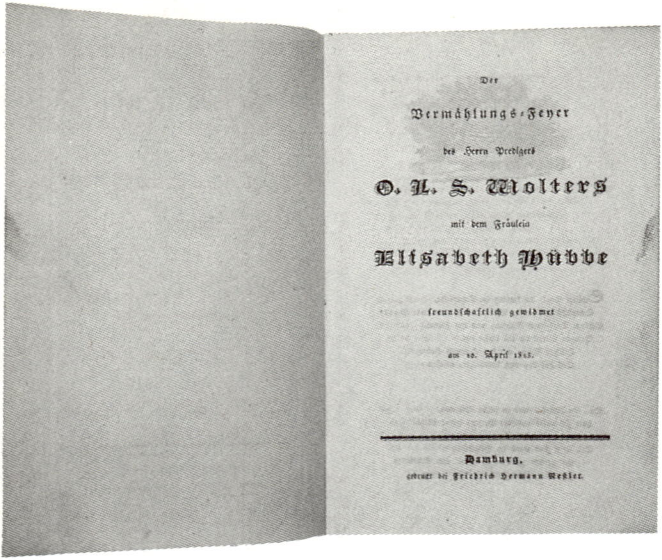
Der

Vermählungs-Feyer

des Herrn Predigers

O. L. S. Wolters

mit dem Fräulein

Elisabeth Hübbe

freundschaftlich gewidmet

am 10. April 1825.

Hamburg,
gedruckt bei Friedrich Hermann Neßler.

Abb. 12: Das Hochzeitsbüchlein von Hauptpastor O. L. S. Wolters mit Elisabeth Hübbe, Hamburg 1825.

Schleswig-Holstein

Franz Schubert, *Trauregister von Schleswig-Holstein von den Anfängen bis 1704* (Göttingen 1985 ff.).

c. Leichenpredigten und Friedhöfe

Es gibt u. a. die folgenden Leichenpredigtsammlungen:
– Die Leichenpredigtsammlung von Fritz Roth.

- *Gesamtkatalog deutscher Personalschriften- und Leichenpredigtsammlungen* in der Deutschen Zentralstelle für Genealogie in Leipzig. Diese Sammlung stammt aus dem früheren »Verein Roland« und wurde nach 1945 von Kurt Wensch weitergeführt. Sie ist eine großartige Hilfe beim Nachweis von Personalschriften mit Leichenpredigten, Glückwunschtelegrammen, Vermerken über Bildnisse usw.
- Den *Katalog der fürstlich Stolbergschen Leichenpredigtsammlung* (Leipzig 1927) in fünf Bänden. Alle Namen sind alphabetisch aufgeführt. Katalog und Sammlung liegen in der Herzog-August-Bibliothek (Lessingplatz 1, D-3340 Wolfenbüttel). Der Katalog ist u. a. auch in der Zentralbibliothek der Stadtbücherei in Köln (Josef-Haubrich-Hof 1, D-5000 Köln 1) einzusehen.
- Weitere Leichenpredigten mit entsprechender Bibliographie sind aufgeführt in den *Familiengeschichtlichen Quellen* (Düsseldorf 1990).
- *Gelegenheitsgedichte, Leichenpredigten und Nachrufe* sind im Besitz der Universität Erlangen, inklusive eines Verzeichnisses von 1518 bis 1945. Eine Kopie befindet sich u. a. in Hamburg in der Nordelbischen Kirchenbibliothek.
- Hans Hugo Weber, *Leichenpredigten für Ostdeutsche in der Hauptbibliothek der Frankeschen Stiftungen zu Halle/Saale*, erschienen in der Reihe *Arbeiten aus der Universitäts- und Landesbibliothek Sachsen-Anhalt in Halle/Saale* (Halle 1975, Band 17).
- Sieben weitere Bände Leichenpredigten sind im Stadtarchiv Braunschweig einzusehen.

- K. Piper, *Verzeichnis der in den Islandica des Staatsarchivs der Freien und Hansestadt Hamburg ermittelten Sterbefälle und Bestattungen 1521 bis 1706* (Hamburg 1986).

Friedhöfe, Friedhofsbücher und alte Grabsteine können geöffnete Familiengeschichtsbücher sein. Lassen Sie sie sich also nicht entgehen.

d. Quellen zur ostdeutschen Familienforschung

Davon gibt es mehr, als man gemeinhin annimmt; zur Resignation besteht also kein Anlaß. Vor allem zu Pommern, Schlesien, Ost- und Westpreußen gibt es ein reichhaltiges Material. Die »Arbeitsgemeinschaft ostdeutscher Familienforscher« hat einen Wegweiser für Forschungen nach Vorfahren aus den ost- und sudetendeutschen Gebieten sowie aus den deutschen Siedlungsgebieten in Ost- und Südosteuropa herausgegeben, der sich gut als Suchgrundlage eignet. Darüber hinaus sei an die folgenden Stellen verwiesen:

- Wenden Sie sich an den »Arbeitskreis Genealogie« beim Bund der Vertriebenen (Gutenbergstr. 12 b, D-3300 Braunschweig).
- Die Bestände des einstigen umfangreichen Staatsarchivs Königsberg befinden sich heute im Staatlichen Archivlager Preußischer Kulturbesitz (Merkelstr. 3, D-3400 Göttingen).
- Umfangreiches Material liegt auch im Geheimen

Staatsarchiv Preußischer Kulturbesitz (Archivstr. 12, D-1000 Berlin-Dahlem). Hier lagern auch Kirchenbücher, die *nicht* im Verzeichnis der Kirchenbücher im Evangelischen Zentralarchiv in Berlin stehen.

- *Bestandsverzeichnis der Zentralstelle für Genealogie in Frankfurt*, Teil 1: *Die Kirchenbuchunterlagen der östlichen Provinzen Posen, Ost- und Westpreußen, Pommern und Schlesien.* (Genealogische Informationen, Band 24) Herausgegeben von der Zentralstelle für Personen- und Familiengeschichte (Neustadt/ Aisch 1991).
- Wesentliche Bestände an Akten der preußischen Verwaltung befinden sich in den zentralen Staatsarchiven in Potsdam und Merseburg.
- Die Zentralnachweisstelle in Kornelimünster mit ihren zivilen und militärischen Akten kann in vielen Fällen weiterhelfen.
- Weitere Auskünfte erteilt der Zentralnachweis im Herder-Institut (Gisonenweg 7, D-3550 Marburg). Hier gibt es eine große Bibliothek und Sammlungen zur Geschichte und Genealogie Ostdeutschlands.
- Im »Haus des Deutschen Ostens« (Bismarckstr. 90, D-4000 Düsseldorf) ist eine Fülle von Forschungsmaterial vorhanden.
- Das ehemalige Memel-Archiv samt Bibliographie Nordostpreußens befindet sich jetzt im Tilsiter Archiv in Kiel.
- In der Auskunftsstelle des »Vereins für Familienforschung in Ost- und Westpreußen« (Dr. Wolf Konietzko, Eichstr. 6, D-2200 Elmshorn) können Such-

fragen gestellt werden. Auskünfte werden jedoch nur nach Einreichung von Karteizetteln in Postkartenformat nach bestimmtem Muster erteilt. Fragen Sie also zuvor die Bedingungen an.

Baltikum

Wenden Sie sich an die Deutsch-baltische Genealogische Gesellschaft (Herdweg 79, D-6100 Darmstadt).

Danzig

Dorothea Weichbrodt, *Patrizier, Bürger, Einwohner der Freien und Hansestadt Danzig* (Klausdorf/Schwentine 1986).

Schlesien

Eheschließungen in den Schlesischen Provinzialblättern, 1785 bis 1849 (Neustadt/Aisch 1992).

Galizien

Das vergessene Königreich – Nachdruck seltener Bücher zum Thema Galizien (Berlin 1991).

e. Heimatorts-Karteien

In ihnen sind annähernd 17 Millionen Deutsche aus den Vertreibungsgebieten erfaßt. Die Adressen sind im *Genealogischen Lexikon* und im Wegweiser der »Arbeitsgemeinschaft ostdeutscher Familienforscher« enthalten.

f. Landsmannschaften

Der Bund der Vertriebenen in Braunschweig (s. S. 70) und die einzelnen Landsmannschaften helfen in vielen Fällen weiter. Die Adressen sind ebenfalls im *Genealogischen Lexikon* zu finden.

g. Mitteldeutschland

Detaillierte Auskunft für dieses Gebiet erteilt die Deutsche Zentralstelle für Genealogie in Leipzig und die Arbeitsgemeinschaft für Mitteldeutsche Familienforschung (AMF) in Marburg. Die Forschungsstelle für geschichtliche Landeskunde Mitteldeutschlands (Wilhelm-Röpke-Str. 6c, D-3550 Marburg) hat einige tausend Unterlagen, u. a. Brandenburgica.

h. Fehler in genealogischen Quellen

Hierüber hat R. Kießling eine Abhandlung verfaßt, die in *Mitteldeutsche Familienkunde* (Heft 4, 1986, S. 391ff.) veröffentlicht wurde.

i. Graphologie

Abrunden könnte man das Lebensbild eines Vorfahren, der Schriftliches hinterlassen hat, durch ein graphologisches Gutachten.

5. Das Wappen

Die Wahrscheinlichkeit, irgendwann einem Familienwappen zu begegnen, ist groß. Wie und wo kann man dann mehr darüber in Erfahrung bringen? Der »Herold, Verein für Heraldik, Genealogie und verwandte Wissenschaften« in Berlin hilft bei allen diesbezüglichen Fragen weiter.

Gegründet am 3. November 1869, ist der »HEROLD« heute die älteste Fachgesellschaft für die von ihm betreuten Forschungsgebiete in Europa. Er ist überregional ausgerichtet und zählt über 1000 Mitglieder in aller Welt. Der Verein hat sich seit über 115 Jahren die Aufgabe gestellt, Interessenten der Heraldik (Wappenkunde), der Genealogie und verwandter Wissenschaften wie der Siegelkunde, der Landes- und Ortsgeschichte usw. zusammenzuführen und bei mündlich oder schriftlich vorgetragenen Anfragen fachlich zu beraten. Der »HEROLD« ist ein wissenschaftlicher, gemeinnütziger, nur mit ehrenamtlichen Kräften tätiger Verein und hat nichts zu tun mit Wappenhandelsfirmen und ähnlichen gewerblichen Handelsunternehmen, die oft ähnlich lautende Namen führen.

Die laufende Unterrichtung der Mitglieder geschieht in erster Linie durch die Publikation *Der Herold*, Vierteljahresschrift für Heraldik, Genealogie und verwandte Wissenschaften, die ab 1984 im 11. Bande erscheint und unentgeltlich zugestellt wird; ferner durch monatlich stattfindende Sitzungen, die am ersten Dienstag jedes Monats am Abend stattfinden; hier werden Vorträge gehalten, Forschungsergebnisse ausgetauscht und die Teilnehmer mit dem neuesten wissenschaftlichen Schrifttum bekannt gemacht, das die vom Verein vertretenen Fachgebiete betrifft.

Die in Deutschland einmalige Fachbibliothek des »HEROLD« umfaßt rund 30000 Bände. Die Benutzung im Forschungssaal des Geheimen Staatsarchivs Preußischer Kulturbesitz ist öffentlich. Ortsausleihe und Leihversand außerhalb Berlins erfolgt nur an Mitglieder dieser Vereinigung.

Der HEROLD ist mit der Führung der Deutschen Wappenrolle (DWR) betraut, in der auf Antrag deutsche bürgerliche und adelige Wappen, altüberkommene und neugestiftete, gebührenpflichtig registriert werden.

Schließlich besitzt der Verein in der 1882 begonnenen Wappenbilderkartei mit ihren 150000 Nachweisen die bedeutendste heraldische Sammlung. Reiche genealogische Sammlungen, auch hand- und maschinenschriftliche Bestände, Geschichten einzelner Geschlechter, Blattsammlungen genealogischer Einzelnachrichten, ferner das Matrikelarchiv des Vereins mit mehr als 4100 Mitgliedsakten vervollständigen das wissenschaftliche Instrumentarium des Vereins und geben jedem Mitglied ein wertvolles Rüstzeug für seine Forschungsarbeit.

a. Wappenkunde

Um die Grundbegriffe über Aufbau und Ausgestaltung der Wappen zu erlernen, ist es unumgänglich, sich mit der Heraldik zu befassen. Aus Platzgründen muß ein näheres Eingehen auf dieses spannende Thema hier unterbleiben. Als Einführungslektüre sei allerdings das vom »Herold« herausgegebene *Handbuch der Heraldik* (Neustadt/Aisch 1970) empfohlen.

b. Wappenregisterwerke

Es ist sinnvoll, sich zuerst das *Wappenregister* von Kenfenheuer (Köln 1937) durchzusehen. In ihm sind die veröffentlichten bürgerlichen Wappen mit Querverweisen auf die Quellen bis 1937 angegeben. Wissen sollte man allerdings auch, daß dieses Werk von Fachleuten nicht unkritisch eingeschätzt wird. Sodann bietet sich Eckart Hennings *Nachweise bürgerlicher Wappen in Deutschland von 1937 bis 1983* (Neustadt/Aisch 1985) als reiche Quelle an. Der *General-Index* von Jäger-Stunstenau (Graz 1964) für die Wappen des Siebmacher-Werkes zeigt die Wappen von 1605 bis 1961. Das Generalregister der Deutschen Wappenrolle, 1920 bis 1990 (Neustadt/Aisch 1992) bietet weitere Informationen. In den beiden großen Wappenrollen können außer den eigentlichen Wappen viele genealogische Anmerkungen gefunden werden. Das umfassendste Wappenwerk ist jedoch der »Siebmacher«: Johann Siebmachers Wappen-Buch

Abb. 13: Titelblatt eines Hamburger Wappenbuchs von 1701.

Das Wapen Buch

Vorrede

(Reprint bei Bauer & Raspe: 1970 ff.) mit 15 000 Wappen.

Als weitere Quellen sind zu empfehlen:

- *Dochtermanns Wappenrolle*;
- *Armorial Général* (Gouda 1887);
- *Dictionaire des figures héraldiques* (Brüssel);
- Eckart Henning, *Wappensammlungen in öffentlichem und privatem Besitz* (Neustadt/Aisch 1983);

– Das Archiv für Heraldik von Karl Pawlas (Adresse s. S. 55) mit ca. 20000 einzusehenden Wappen;
– Gerhard Anders' handschriftliche Wappensammlung mit 1690 Wappen, darunter auch welche aus Schlesien und der Lausitz;
– Die Wappensammlung Külp in Hannover in der Landesbibliothek mit über 50000 Wappen wurde als Familiennamen-Register zur Wappensammlung Külp (Hildesheim 1992) veröffentlicht.
– Schließlich die sogenannte *Wappenbilderordnung* (Neustadt/Aisch 1990) sowie das *Große Wappenbilder-Lexikon* (Neustadt/Aisch) mit 21000 Wappen aus Deutschland, Österreich und der Schweiz.

Schlesien

Crispin und Scharffenberg, *Schlesisches Wappenbuch 1575 bis 1580* (Neustadt/Aisch 1984).

Schweiz

Die Schweiz ist ein Land mit jahrhundertealter Wappentradition. Noch heute werden allein in Solothurn (Staatsarchiv Solothurn, Bielstr. 41, CH-4500 Solothurn) alljährlich um die hundert neue einheimische und ausländische Familienwappen detailgetreu verzeichnet. Die Wappenkartei dieser Registratur gilt als eine der am sorgfältigsten geführten und aktuellsten der Welt.

Aus gefundenem Material läßt sich eine interessante und dekorative Wappenahnentafel erstellen, die sich auch hervorragend als Geschenk eignet.

Abb. 14: Wappentafel aus einem Hamburger Wappenbuch von 1701.

6. Unterstützende Nachschlagewerke

Fachsprache, lateinische Texte, Zeitrechnung, Schriften, Ortsnamenänderungen und die geographische Situation sind in der Genealogie eine besondere Erschwernis. Eine gewisse Grundausrüstung mit Nachschlagewerken ist daher unverzichtbar.

a. Familienkundliche Lexika

Was in den gängigen Nachschlagewerken nicht zu finden ist, sollten Sie mit den folgenden Bänden überprüfen:
- *Taschenbuch für Familiengeschichtsforschung* (Neustadt/Aisch 1990);
- Fritz Verdenhalven, *Familienkundliches Wörterbuch* (Neustadt/Aisch 1992);
- Schmeller *Bayerisches Wörterbuch* (Stuttgart 1827–1837 und 1872–1877).

Genealogische Nachschlagewerke sind u. a. im Verlag H. Scherer, Boothstr. 21a, D-1000 Berlin 45, zu haben.

b. Lateinische Wörterbücher

Lateinische Texte kommen in der Genealogie häufig vor. Selbst wer aus der Schulzeit Lateinkenntnisse bewahren konnte, hat da oft Schwierigkeiten, da es sich nicht um das klassische, sondern um ein durch die Zeit stark verändertes Latein handelt. Eine große Hilfe sind folgende Werke:

- Pfarrer Lachat, *Lateinische Bezeichnungen in alten Kirchenbüchern* (Neustadt/Aisch 1960);
- Karl Lampe, Latein für Sippenforscher (Limburg 1965/1969);
- *Mittellateinisches Glossar* (Neustadt/Aisch 1989).

c. Zeitrechnung

Die Kalenderführung hat sich über die Zeit geändert. So galt bis Ende des 17. Jahrhunderts der Julianische und seit dem 17./18. Jahrhundert der Gregorianische Kalender. Entsprechende Kenntnisse sind wichtig und aus diesen Werken zu erlangen:

- Grotefend, *Taschenbuch der Zeitrechnung* (Hannover 1960);
- H. Lietzmanns *Zeitrechnung* (Berlin 1956);
- Herbert Denecke, *Doliarius' Dauerkalender* (Neustadt/Aisch 1983).

d. Handschriften

Alte Texte unterscheiden sich nicht nur durch ihre Sprache von modernen, sondern auch durch damals gebräuchliche Abkürzungen und Zahlenschreibweisen.

Zwei Bücher vor allem helfen hier weiter:
- Heribert Sturm, Unsere Schrift (Neustadt/Aisch 1961);
- P. A. Grun, Schlüssel zu alten und neuen Abkürzungen (Limburg 1966).

e. Namenslexika

Herkunft und Bedeutung der Familien- und Vornamen entschlüsseln die folgenden Bände:
- Hans Bahlow, *Deutsches Namenslexikon* (Frankfurt 1972);
- Brechenmacher, *Deutsches Namenbuch* (Stuttgart 1928);
- *Etymologisches Wörterbuch der deutschen Familiennamen* (Limburg 1957–1963);
- Gottschald, *Deutsche Namenkunde* (Berlin 1971).

Schweiz

Familiennamenbuch der Schweiz (Oberdischingen 1992).

f. Geographische Hilfsmittel

Ohne Postleitzahl läuft in der Genealogie gar nichts mehr, zumal in den mitteldeutschen Gegenden fast jeder Ortsname mehrfach vorkommt. Geben Sie also unbedingt die Postleitzahlen an, um sich und anderen mühsames Suchen zu ersparen. Ortsverzeichnisse und numerische Postleitzahlverzeichnisse erhalten Sie in jedem Postamt. Bei alten Ortsnamen helfen weiter:

- *Ortslexika mit den alten Grenzen vor 1914*;
- *Meyers Orts- und Verkehrslexikon des Deutschen Reiches* (Leipzig 1912).

Liechtenstein

Allgemeines Postlexikon der im Reichsrate vertretenen Königreiche und Länder und des Fürstentums Liechtenstein.

Österreich

Postlexikon der Republik Österreich (Wien 1987).

Das *Ortsverzeichnis 1971*, je ein Heft für jedes der neun österreichischen Bundesländer, enthält sämtliche Ortsnamen. Erhältlich ist es beim Österreichischen Statistischen Zentralamt, Hintere Zollamtsstr. 2b, A-1030 Wien.

Österreich–Ungarn

Hans Mayerhofer, *Österreichisch-ungarisches Pfarrorte-Lexikon, enthaltend die Pfarrorte, Cultusgemeinden und Filialen aller Confessionen Österreich–Ungarns, Bosniens und der Herzegowina* (Wien 1896).

Ostpreußen

Fritz Gause, *Neue Ortsnamen in Ostpreußen seit 1800*; Helmut Ziplies, *Ortsnamenänderungen in Ostpreußen* (Hamburg 1983).

Wichtig und nützlich sind auch Topographien, da sie

Orte enthalten, die in den Postverzeichnissen nicht mehr zu finden sind. *Topographische Karten Deutschlands in den Grenzen von 1914* in den Maßstäben 1:25000 und 1:100000 sind zu erhalten beim Institut für angewandte Geodäsie, Stauffenbergstr. 11, D-1000 Berlin 30.

Hans Bahlows *Lexikon deutscher Fluß- und Ortsnamen alt-europäischer Herkunft* (Neustadt/Aisch 1981) hilft ebenfalls weiter.

7. Portrait- und Bildarchive

Leider befindet sich das **Korb'sche Sippenarchiv** (Vitusstr. 14, D-8400 Regensburg) aus Altersgründen in Auflösung. Die 24000 Portraitreproduktionen hat der Verein »Herold« erworben. Berufsbilder und Restexemplare der Broschürenreihe *Fundgrube* stehen dagegen in Regensburg noch zur Verfügung. Im Heinzmann-Verlag liegt von Birgit Klaßen ein Katalog nebst Register (Düsseldorf 1991) zum Korb'schen Sippenarchiv vor.

Das **Bildarchiv Foto-Marburg** (Ernst-von-Hülsen-Haus, Postfach 1460, D-3550 Marburg), hat Kataloge mit über 1,3 Mio Aufnahmen von Kunst aus aller Welt. In einer eigenen Personenkartei findet man dort Bildnisse, Grabsteine, Wappen, Hausinschriften usw. Die Bilder sind im sogenannten *Marburger Index – Inventar zur Kunst in Deutschland* erfaßt, der an über 200 Orten in der Welt einzusehen ist. Er präsentiert die Fotos u. a. in topographischer Ordnung. Man findet also die Abbildungen eines bestimmten Kunstwerks unter dem Namen des Ortes, an dem es sich befindet.

Das **Bildarchiv Pawlas** verfügt über ca. 15000 Bildnisse.

8. Der Familienbrief

Jetzt haben wir schon soviel Material zusammengetragen, daß es sich lohnt, einen Familienbrief aufzusetzen. Mit ihm könnten wir das Interesse der anderen Familienmitglieder wecken und sie vielleicht auch zur Mitarbeit anregen. Denn auch wenn man Familienforschung selbst vielleicht nie betreiben würde, so ist man ja doch neugierig darauf, woher man stammt und wes Geistes Kind die Altvorderen waren, nicht wahr?

Um nun über den Stand der Forschung zu berichten, sollte ein Familienbrief (-zeitung, -blättle usw.) in regelmäßigen Abständen verschickt werden. Er könnte sich inhaltlich folgendermaßen zusammensetzen:

- Briefkopf (möglichst mit Wappen), Redaktionsadresse und Datum
- Anrede
- Allgemeines
- aktuelle Ereignisse (Geburten, Hochzeiten usw.)
- evtl. Leserbriefe oder Berichtigungen vorangegangener Briefe
- Familienforschung, z. B. mit Erklärungen über Genealogie und Heraldik, mit einer Lebensbeschreibung der ältesten noch lebenden Familienmitglieder, mit Stammfolgen, Stammtafeln, Ahnentafeln usw.
- vielleicht eine Kinderecke
- Register (u. a. über vorkommende Namen und Orte)
- Adressen
- abschließende Betrachtungen

Bewahren Sie sich selbst immer eine Kopie Ihres Familienbriefes, um bei der nächsten Gelegenheit anknüpfen zu können. Gehen Sie mutig an eine Beschreibung oder Aufstellung heran, auch wenn noch nicht alle Daten lükkenlos vorhanden sind. Schließlich werden Sie ohnehin niemals die vollkommene Vollständigkeit erreichen. Wenn möglich, dann lockern Sie Ihr Rundschreiben durch Bilder und Fotos auf. Zeigen Sie die Kirchen, Schulen, Arbeitsstellen usw., die den Alltag Ihrer Vorfahren bestimmten. Landkarten und Stadtpläne machen die geographischen Gegebenheiten deutlich und eine im Heimatmuseum fotografierte alte Stube hilft der Vorstellungskraft dabei, die Umgebung aus alter Zeit zu zeigen.

Wenn Sie sich zu einem regelmäßigen Familienbrief entschlossen haben, dann lohnt es sich auch, einen eigenen Familienverband zu gründen und sich mit dem »Bund der Familienverbände« (BdF) in Verbindung zu setzen. Er besitzt ein Archiv, eine eigene Bibliothek, und über eine »Ahndata-Börse« (Formblatt anfordern!) können Sie andere Familienverbände oder Verwandte suchen lassen. Neben dem »Bund der Familienverbände« gibt es den »Deutschen Familienverband«. Bei der Bundesregierung ist das Bundesministerium für Familie und Senioren (Referat 213) für die Zusammenarbeit mit Familienverbänden zuständig.

Die entscheidende Voraussetzung beim Erstellen eines Familienbriefs ist dessen Vervielfältigung. Sind die entsprechenden finanziellen Voraussetzungen vorhanden, so wird man seine Vorlage am liebsten in eine Druckerei bringen, wo sie im Offsetverfahren bearbeitet wird. Nur dieses Verfahren bringt die optimale Wiedergabe von Abbildungen, dies sei schon hier gesagt. Die meisten Ersteller von Familienbriefen werden jedoch mit der kostengünstigeren Fotokopie vorliebnehmen. Bei guten Geräten gelingt auch hier die Reproduktion von Abbildungen recht gut.

Dokumente sollten Sie am besten mit einem orthochromatischen, also rotunempfindlichen Film fotografieren. Im Fotolabor müssen Sie dann aber auch angeben, daß es sich um einen sogenannten »Dokumentenfilm« handelt. Zur Reprofotografie nehmen Sie am besten eine Stativkamera mit zweiseitiger Ausleuchtung:

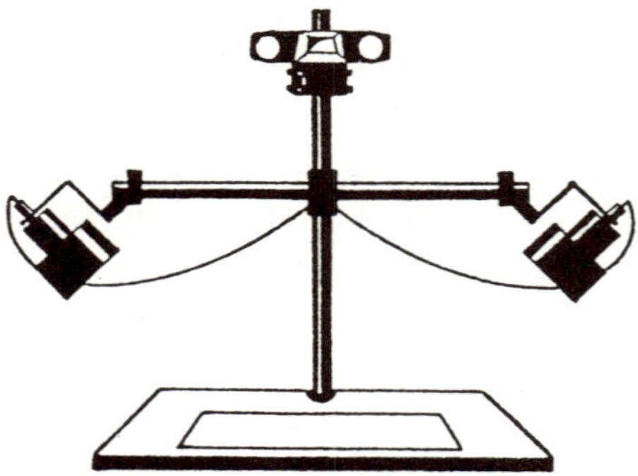

Abb. 15: Die klassische Reprokamera mit zweiseitiger Ausleuchtung.

Unterwegs kann man auch mit einem Normalblitzgerät arbeiten. Bei einem Winkel von 45 Grad werden unschöne Reflexionen vermieden.

Abb. 16: Hochzeitsfoto aus der Uckermark, um 1920; oben mit Transparentaufleger, unten mit hochgeklapptem Aufleger.

Sollten Sie tatsächlich mit einer Druckerei zusammenarbeiten, dann erzielen ungerasterte Fotos – d. h. solche, die noch nicht mit einem Raster versehen, also noch nie gedruckt worden sind – die besten Ergebnisse. In jedem Fall aber wird Sie die Druckerei darüber beraten, welche Vorlagen sich für den Druck eignen und welche nicht. Bei Fotos, auf denen viele Angehörige abgebildet sind, empfehle ich, mit einem »Aufleger« zu arbeiten. Die Ziffern auf dem aufliegenden Transparentpapier sollten auf der Folgeseite mit den entsprechenden Namen aufgeschlüsselt werden.

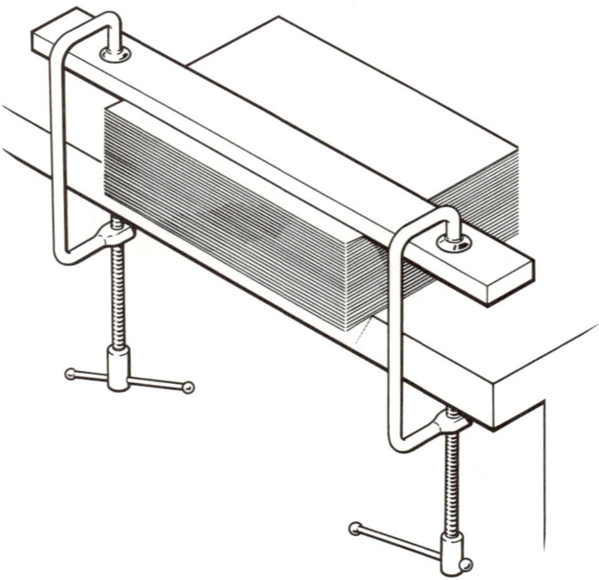

Abb. 17: Ein Brettchen, zwei Schraubzwingen und ein entsprechender Kleber ersetzen für den Eigenbedarf die Buchbinderei.

Wenn die Familienbriefe einen bestimmten Umfang überschreiten, dann sollten sie gebunden werden. Sollte der teure Buchbinder nicht in Frage kommen, so empfiehlt sich zunächst ein großer Hefter.

Man kann jedoch auch selbst sauber binden, indem man die Familienbriefe an der Tischkante sauber aufstapelt, so, daß sie ca. zwei Zentimeter überstehen. Eine Latte und zwei Schraubzwingen befestigen den Stoß am Tisch. Dann streicht man den Rücken mit Planaxol oder einer anderen gummiartigen Masse ein. Nach ca. zwei Stunden können die einzelnen Familienbriefe aus dem Block mittels eines besonders dafür vorgesehenen Messers abgetrennt werden. Sie sind nun wie ein Abreißblock gebunden und können als Büchersendung (ins Ausland als »Drucksache zu ermäßigter Gebühr« »Imprimé à taxe réduite« oder »Printed papers special reduced rate«) versandt werden.

9. Genealogische Zeitschriften

Um auf dem laufenden zu sein und um sich über Neuerscheinungen zu informieren, sollte man regelmäßig diejenigen genealogischen Zeitschriften lesen, die die eigenen Forschungsgebiete abdecken. Im Heinz-Reise-Verlag (Postfach 1340, D-8530 Neustadt/Aisch) erscheint regelmäßig ein Gesamtinhaltsverzeichnis für alle genealogischen, heraldischen und historischen Zeitschriften namens *Der Schlüssel*.

a. Überregionale Periodika

- *Genealogie – Deutsche Zeitschrift für Familienkunde*, erscheint zwölfmal jährlich in Neustadt/Aisch;
- *Archiv für Sippenforschung*;
- *Familienkundliche Nachrichten*, erscheint sechsmal jährlich in Neustadt/Aisch und eignet sich auch ausgesprochen gut für Suchanzeigen;
- *Der Herold*, seit 1972 *Mitteilungen des Herold*, erscheint viermal jährlich in Berlin;
- *Der Deutsche Hugenott*, erscheint viermal jährlich in Obersickte;
- *Schriftumsberichte zur Genealogie;*
- *Die Fundgrube.*

b. Regionale Periodika

Norddeutschland

- *Zeitschrift für Niederdeutsche Familienkunde;*
- *Familienkundliches Jahrbuch Schleswig-Holstein;*
- *Lübecker Beiträge zur Familien- und Wappenkunde;*
- *Zeitschrift des Vereins für Hamburgische Geschichte;*
- *Heimatblätter Norddeutsche Familienkunde;*
- *Norddeutsche Familienkunde.*

Süddeutschland

- *Blätter des bayr. Landesvereins für Familienkunde;*
- *Blätter für fränkische Familienkunde.*

Ostdeutschland

- *Altpreußische Geschlechterkunde;*
- *Arbeitsberichte der Arbeitsgemeinschaft ostdeutscher Familienforscher;*
- *Archiv ostdeutscher Familienforscher;*
- *Ostdeutsche Familienkunde;*
- *Quellen und Namensnachweis für sudetendeutsche Familiengeschichtsforschung;*
- *Schlesische Geschichtsblätter;*
- *Veröffentlichungen der Ost- und Westpreußen.*

Westdeutschland

- *Roland zu Dortmund;*
- *Düsseldorfer Familienkunde;*
- *Mitteilungen der westdeutschen Gesellschaft für Familienkunde.*

Südwestdeutschland

- *Badische Familienkunde*;
- *Badische Heimat*;
- *Pfälzische Familien- und Wappenkunde*;
- *Südwestdeutsche Blätter für Familien- und Wappenkunde*.

Mitteldeutschland

- *Mitteldeutsche Familienkunde*.

Niedersachsen

- *Hannoversche Geschichtsblätter*;
- *Oldenburgische Familienkunde*;
- *Quellen und Forschungen zur ostfriesischen Familienkunde*.

Hessen

- *Hessische Familienkunde*;
- *Archiv für Hessische Geschichts- und Altertumskunde*;
- *Hessische Ahnenlisten*;
- *Zeitschrift des Hessischen Geschichtsvereins*.

Saarland

- *Saarländische Familienkunde*;
- *Informationsdienst der Saarländer*.

Österreich

- *Der Salzburger*.

10. Familienforschung mit dem Computer

Der Computer ist in der Genealogie ein nützliches Werkzeug, für den, der ihn sich leisten kann. In den USA liegen schon seit längerem Ergebnisse über die genealogische Arbeit mit dem Computer vor. Eine gute Einführung bietet der Band *Computer-Genealogie* (Neustadt/Aisch 1986), der die in den USA in 15jähriger Praxis erworbenen Erfahrungen berücksichtigt.

Abb. 18: Moderne Computertechnologie erleichtert jeden Suchvorgang, hat aber auch seine Tücken.

Mehrere Zeitschriften informieren über Neuerungen und Arbeitstechniken auf dem Gebiet. Sehr zu empfehlen ist *Computer-Genealogie* (M. Thomas-Verlag, Kolpingstr. 11, D-5778 Meschede), die seit 1986 jährlich in vier Heften erscheint.

Es existiert sogar ein Verein zur Förderung EDV-gestützter familienkundlicher Forschungen (Schorlemmerskamp 20, D-4670 Lünen), der es sich zur Aufgabe gemacht hat, Karteien, z. B. die Westpreußenkartei mit 300000 Karten, und ganze Kirchenbücher zu erfassen. Später soll auch eine Beratungsstelle für private »Computer-Genealogen« hinzukommen.

Jeder muß für sich selbst entscheiden, ob und wie er mit einer Rechneranlage arbeiten will. Ich selbst mache gute und schlechte Erfahrungen damit. Im allgemeinen hat man eine große Hemmschwelle zu überwinden. Ist man jedoch erst einmal eingearbeitet, dann stellt sich meistens Begeisterung über die Effizienz des »Rechners« ein. Würden nur erst die Archive ihre Daten mit dem Computer erfassen, dann würde wohl kaum ein Familienforscher noch lange zögern. Die Tabelle auf der Seite gegenüber faßt zur Erleichterung Ihrer Meinungsbildung Für und Wider knapp zusammen.

Ein erfahrener Computerspezialist empfiehlt: »Wer schon tausende von Karteikarten hat und nicht unbedingt ein ›Computer-Freak‹ ist, sollte bei seinem System bleiben. Wer aber anfängt oder noch nicht so viele Informationen verkartet hat, könnte auf jeden Fall die EDV anstelle der Karteikarten einsetzen.«

Ein befreundeter Genealoge meint zum selben Thema: »Die Frage, ob und wann man vom großväterlichen Karteisystem auf Computer-Betrieb umsteigen soll oder

Vorteile	Nachteile
– Erheblich erleichterte Sachvorgänge – Automatisches Sortieren möglich – Automatisches Zusammenstellen von Ahnen- und Stammtafeln – Demographische Untersuchungen und Statistiken möglich – Platzsparend und effizient	– Hohe Vorauskosten – Schwierige Einarbeitung – System befindet sich in der Entwicklung, daher beständig Neuerungen – Technische Probleme, die man selbst nicht beheben kann, treten auf – Zeitraubende Dateneingabe

kann, wird meistens ganz falsch beantwortet. Manche Leute meinen, wenn man mehr als 1000 Karteikarten hat, sollte man beim Karteisystem bleiben, weil das Eintippen von mehr als 1000 Datensätzen eine Geduldsprobe wäre. Indes ist das Kriterium vielmehr, welche Daten man noch zu bearbeiten hat. Hat man 5000 Karteikarten und schon alle Stammfolgen erstellt, dann erübrigt sich die Umstellung auf Computer ohnehin. Ist andererseits die Bearbeitung eines Teils der Familie noch nicht abgeschlossen, so übernimmt man eben nur diesen Teil in den Computer. Es wäre doch völlig unsinnig, Daten in den Computer zu nehmen, die man gar nicht mehr anrührt.«

Ich möchte nicht auf die einzelnen Geräte (Hardware) eingehen, da der Markt sich zu schnell verändert. Aber die drei wichtigsten Programme (Software) möchte ich hier kurz beschreiben.

Von den Mormonen kommt das **»Personal Ancestral File«-System**, modifiziert und auf deutsche Verhältnisse angepaßt durch Hans-W. Knoll (Beethovenstr. 7, D-4817 Leopoldshöhe), der auch der Lizenzinhaber ist. Das Programm läuft auf jedem IBM-PC mit XT-, AT- oder höherem Standard und setzt IBM-DOS als Version 1.0 oder MS-DOS als Betriebssystem voraus. Als Drucker wird ein Nadeldrucker, z. B. Epson FX-80, empfohlen. Das Hauptformat ist DIN-A4 hochkant; die Schriftzeichen enthalten Umlaute und Sonderzeichen. Die Programmsprache ist IBM-Basic als Interpreter-Version. In der Lieferung sind enthalten drei Disketten (je 360 KB), eine Testdiskette mit Musterdaten, die Hilfsprogramme »Texte« und »Auskunft« und ein Handbuch mit Installationsanweisungen und Mustern.

»GENISYS – das Genealogische Informationssystem« wurde in Zusammenarbeit eines Arbeitskreises der »Deutschen Arbeitsgemeinschaft genealogischer Verbände« mit Dipl.-Ing. Manfred Nolde (Eichendorffweg 14, D-7742 St. Georgen) erarbeitet. Es ist ein in Deutschland erster Versuch, dem EDV-ungeübten Familienforscher eine praxisnahe, leicht erlernbare Lösung anzubieten. Das Programm läuft auf IBM-kompatiblen PCs (Prozessor Intel 8088) mit 640-KB-Hauptspeicher und zwei Diskettenlaufwerken à 360 KB und setzt MS-DOS als Betriebssystem voraus. Der Drucker sollte ein 15-Zoll-Matrix-Drucker mittlerer Ausführung sein. Das Grundprogrammpaket enthält fünf Komponenten; die Installation ist im Systempreis enthalten. Unterstützung bei der Einarbeitung ist möglich.

Ich selbst empfehle »**GENprofi**«, das Familienforschungsprogramm von den Deutschen Eisenbahnern (Familien- u. Wappenkunde im Bundesbahn-Sozialwerk, Bernd Riechey, Weißdornstr. 10, D-3150 Peine-Vöhrum, oder Heiko Thimm, Dorstener Str. 216, D-4630 Bochum 1). Die Eisenbahner haben in ihrer Jahrestagung 1988 vorgeführt, daß man auch schon mit einem einfachen Heimcomputer etwas in der Genealogie anfangen kann. Das Programm läuft auf jedem IBM-PC mit XT-, AT- oder höherem Standard (640 KB RAM) und setzt MS-DOS ab Version 3.0 als Betriebssystem voraus. Praktisch jeder Drucker ist geeignet.

Vorsicht beim Kauf von Gerät (Hardware) und Programmen (Software)! Was unseriöse Verkäufer einem da alles andrehen können, wenn man kein Spezialist ist! Besser ist es deshalb, sich vorab von der EDV-Gruppe im genealogischen Verein und von anderen Erfahrenen beraten zu lassen.

III. Teil:

Familien- und Stammbaumforschung für den erprobten Genealogen

1. Ahnentafeln, Stammtafeln und andere Schemata

Jetzt, wo wir uns so weit in die Genealogie hineingewagt haben, wollen wir unsere Forschung auf alle vorkommenden Namen der Ahnen- und Stammtafel erweitern.

Abb. 19: »... und schließlich erstickt man fast in den Fluten von Informationen.«

a. Die Ahnen- und die Stammtafel

Da die meisten Unterlagen in DIN-A4-Hochformat gehalten sind, kann man seine Ahnentafel auch so aufbauen, wie es das Beispiel auf Seite 36 zeigt. Hierbei empfiehlt es sich, nur die Spitzenahnen – also die letzten bislang bekannten in der Reihe – anzugeben. Im Anschluß sollte dann eine Ahnenliste mit den Angehörigen in alphabetischer Reihenfolge und mit den entsprechenden Daten versehen folgen, wie sie auf Seite 17 gezeigt wird.

b) Die Stammtafel

Den Aufbau einer einfachen Stammtafel kennen wir ebenfalls bereits von Seite 17. Hier sehen Sie nun die Vorgehensweise bei einer umfangreichen Stammtafel, die in der nachfolgenden Liste alle Angehörigen mit allen verfügbaren Daten erfaßt. Zuerst kommen in der Stammtafelreihenfolge jedoch die Namensträger:

I Johan(n) Wolters, * um 1575, Bürger zu Hamburg 6. 9. 1602 als Bosmann (Schiffer). Er gehörte zu St. Petri.
⚭ Hamburg nach April 1610 … Schmidt.
2 Söhne:
1. Johann, ~ Hamburg 11. 10. 1612, s. IIa.
2. Joachim, ~ Hamburg 2. 12. 1614, s. IIb.

IIa Johan(n) Wolters, Schrieff (Schreiber), * Hamburg … 1612, ~ Hamburg/St. Petri 11. 10. 1612, Bürger 14. 6. 1639. ⚭ Hamburg … 1649 Anna von Holte.
4 Kinder: usw.

1 – 2 – 4 – 8 – 16 – 32 – 64 – 128 – 256 – 512 – 1024 Johan Wolters, Hamburg, 1603 Bürger

1 Isa-Maria, * Hamburg 3. 6. 1964; Christiana, * Hamburg 10. 10. 1966; Joachim, * Hamburg 19. 12. 1969

2 Joachim Wolters, * Hamburg 23. 12. 1934

4 Joachim Wolters, * Hamburg 17. 9. 1907

1025 – 2052 Hans Schmidt, Hamburg

513 – 1026 Jürgen von Holte, Hamburg

257 – 514 – 1028 – 2056 Caspar Brandenburg, Hamburg, um 1570

1029 Catharina von Verden, Hamburg

515 Metje Köster, Hamburg, um 1630

129 – 258 – 516 Jochim Kehn, Hamburg, 1633

259 – 518 – 1036 – 2072 Jürgen Wolters, Hamburg

519 Anna Schwarte, Hamburg

65 – 130 – 260 Lorentz Albers, Hamburg, um 1660

131 Catharina Maria Möllers oder Holsten, Hamburg

33 – 66 – 132 – 264 Hans Rohde, Hamburg, um 1700

165 – 530 Johann Lembke, Hamburg, 1646

133 – 266 Andreas Lüders, Hamburg, um 1695

267 Margareta Erdmann, Hamburg

67 – 134 David Gerhard Reils, Hamburg, um 1725

135 – 270 – 540 – 1080 Johan Wilkens, Hamburg, ⚭ 1673

1081 Anna Lüß/Luis, Hamburg

271 Catharina Sophia Meiers, Hamburg

(Fortsetzung gegenüber)

1 – 2 – 4 – 8 – 17 – 34 – 68 – 136 – 272 – Jacob Hucker, Niedersachsen, 1690: Gyhum

273 Lucia …

137 – 274 Jacob Helmers, Niedersachsen: Wehldorf

69 – 138 – 276 Johann Meyer, Gyhum/Niedersa., 1683

277 Magdalene …

139 – 278 Johann Wahles, Wehldorf/Niedersachsen

35 – 70 – 140 Claus Heins, Brüttendorf/Niedersachsen

141 Catharina …

71 Gesche Filken, Niedersachsen

9 – 18 – 36 – 72 – 144 – 288 – Jacob Maag, Baden: Karlsruhe-Mühlburg,

576 – 1152 Maag aus Oberglatt, Kanton Zürich, 1632, auch Jakob

1153 Anna …

577 Anna …

289 – 578 Heinrich Mangold, Karlsruhe/Baden

579 Barbara Müller, Karlsruhe/Baden

145 – 290 Michael Kohler, Karlsruhe-Mühlburg/Baden

291 – 582 – 1164 Johannes Buchs, Karlsruhe-Mühlberg/B., 1640

1165 Anna Catharina …

583 – 1166 Nicolaus Schafroth, Baden

73 – 146 – 292 – 584 – 1168 Adam Werner, Baden

1169 Catharina …

585 – 1170 Heinrich Walter, Baden

STAMMTAFEL
Wolters

- I Johan(n)
  * um 1575
  Bürger:
  6. 9. 1602
  Bosmann
  (Schiffer)
  - II a Johan(n)
    ~ 11. 10. 1612
    Schrieff
    (Schreiber)
    - III a Margreta
      ~ 17. 3. 1650
      Nachkommen
      Lührmann
    - III b Jürgen
      ~18. 1. 1652
      † vor 1734
      - IVa Anna Margreta
        ~ 2. 1. 1683
        □ 19. 4. 1687
      - IVb Anna Cathrin
        ~ 27. 5. 1686
      - IVc Jo(a)chim
        ~ 25. 11. 1688
      - IVd Dierichs Günter
        ~ 6. 8. 1691
      - IVe Dierich Jacob
        ~ 19. 12. 1694
      - IVf Maria Margareta
        * um 1700
        Nachk. Gauther
    - III c Johan(n)
      ~ 7. 9. 1653
      † nach 1695,
      vor 1706
      Kaufmann
      - IVg Claus
        ~ 14. 3. 1681
        □ 5. 12. 1682
      - IVh Margareta
        ~ 28. 4. 1682
      - IVi Hans
        ~ 9. 6. 1686
        † 1731
      - IVj Jürgen oder Georg
        ~ 24. 7. 1687
        † vor 1751
      - IVk Matthias
        ~ 4. 12. 1688
      - IVl Martin
        ~ 10. 8. 1690
        Branntweinbrenner
      - IVm Catharin Margaret
        ~ 1. 9. 1692
        Nachk. Strein
      - IVn Johann
        ~ 3. 2. 1695
        † vor 1742
        Arbeitsmann
      - IVo Anna Dorothea
        * 5. 2. 1698
    - III d Adrian
      ~7. 2. 1655
      † 20. 8. 1714
      Kaufmann und
      Zuckersieder
      - IVp Catharina
        ~ 8. 7. 1686
      - IVq Johan(n)
        ~ 23. 3. 1688
        □ 1. 3. 1735
        Kaufmann u. Zuckersieder
      - IVr Metje
        ~ 14. 9. 1690
        † vor 1700
      - IVs Gardrut
        ~ 6. 9. 1693
        Nachk. Schaars
      - IVt Ilsabe
        ~ 2. 6. 1696
        † 23. 1. 1756
      - IVu Metje
        ~ 11. 1. 1700
      - IVv Christoph
        * 14. 7. 1702
        □ 13. 8. 1765
        Kaufmann
  - II b Jo(a)chim
    ~ 2. 12. 1614
    † nach 1687
    Schwerdt-feger
    (Waffen-schmied)

    (Nachfahren existieren, entfallen hier jedoch aus Platzgründen)

IIb Jo(a)chim Wolters, Schwerdtfeger (Waffenschmied),
* Hamburg … 1614, ~ Hamburg/St. Petri
2. 12. 1614, Bürger 8. 11. 1639.
⚭ Hamburg/St. Georg 5. 6. 1644 Gesche Kösters.
7 Kinder: usw.

Ihnen folgen in einem Anhang alle anderen Namensträger, also angeheiratete und verheiratete Töchter, in alphabetischer Reihenfolge. Zum Beispiel:

Anhang RABE

I Christoph Rabe, Schuhmachermeister zu Strasburg in der Uckermark, alles zu Strasburg/Um.:
* um 1700, † 19. 4. 1748, □ 22. 4. 1748;
⚭ … Marie Schmidt.
3 Kinder: usw.

Über die angeheiratete Marie Schmidt wird, falls es nur ein paar Daten sind, entweder schon hier berichtet oder es wird auf den Anhang Schmidt verwiesen, falls mehr Informationen vorhanden sind, z. B. über Eltern, Großeltern usw. Im Anhang wird also wie bei den ersten Namensträgern in der Stammtafelreihenfolge verfahren.

Selbstverständlich kann man schon hier die detaillierten Lebensläufe mit einbauen. In der Regel werden sie aber zu umfangreich und daher wohl besser in der anhängenden Stammtafelliste untergebracht sein. Um den Überblick nicht zu verlieren, unterteilt man die Stammtafel am besten folgendermaßen:

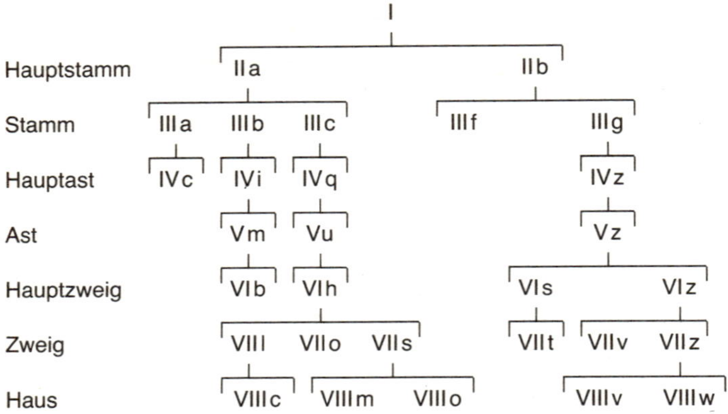

Die einzelnen Stämme, Äste, Zweige usw. kann man entweder durch Namen kennzeichnen – also z. B. IIa ist der Johann'sche Hauptstamm, IIb der Joachim'sche – oder durch Orte – also z. B. VIb Hamburger Hauptzweig, VIh australischer Hauptzweig usw.

c. Die Nachfahren- bzw. Sippschaftstafel

Sie unterscheidet sich von der oben beschriebenen Stammtafel nur dadurch, daß *alle* Nachfahren, also auch die Töchternachkommen, aufgeführt werden. Bei ihrer Erstellung kann es durch einen übertriebenen Datenschutz zu Schwierigkeiten kommen. Nach Paragraph 61 des Datenschutzgesetzes dürfen die Standesämter nur über direkte Linien Auskunft geben. Holen Sie also die benötigten Informationen über andere Familienzweige (Vettern usw.) ein.

d. Verwandtschaftstafeln

Sie zeigen die Versippung der eigenen Vorfahren mit anderen Familien bzw. Geschlechtern und ermöglichen in ihrer Übersichtlichkeit interessante Einsichten.

e. Berufstafeln

Solche Tafeln geben aussagenreiche Einblicke in den sozialen Status einer Familie und zeigen, wie er sich über Generationen verändert hat.

f. Krankheitstafeln

Um sie zu erstellen, muß ein Forscher sehr reichhaltiges Material zusammengetragen haben. Sind ausreichend Daten vorhanden, die sich in einer Krankheitstafel verwerten lassen, dann kann mit ihr die Vererbung von Krankheiten ermittelt werden.

g. Tafeln der äußeren Erscheinung

Auch für sie muß das Material sehr reichhaltig sein. Kann man sie jedoch erstellen, dann erfährt man einiges über Vererbung und vermag durch die Generationen zurückzuverfolgen, aus welchem Zweig die blonden Haare, die blauen Augen oder der eigene hohe Wuchs stammen.

h. Bilderahnentafeln

Hat man von seinen Vorfahren genügend Fotos beisammen, so sollte man sich zunächst Duplikate machen lassen. In einem festen Karton schneidet man dann an den richtigen Stellen Kreise oder Ovale aus und klebt die Fo-

Abb. 20: Ein gelungenes Beispiel für eine Bilderahnentafel.

tos dahinter, so daß nur die Köpfe sichtbar werden; und man kann die Fotos noch anderweitig verwenden (dann allerdings nicht kleben, sondern nur leicht anheften).

i. Patenschaftsuntersuchung

Untersucht werden können auch die Patenschaften und entsprechende Namensgebungen, um festzustellen, in welchem Verwandtschaftsverhältnis die Gevattern standen und welche Tradition in der Namensgebung herrscht.

k. Diagramme und Statistiken

Vor allem dann, wenn man mit dem Computer arbeitet, lassen sich die vielen, vielen Daten über Geburt, Taufe, Schulbildung, Heirat, Tod usw. zur Erstellung von aussagekräftigen Diagrammen und Statistiken heranziehen. Solche Informationen sind insbesondere für die Sozialgeschichte unverzichtbar und bilden einen wichtigen Berührungspunkt zwischen Genealogen und Historikern.

l. Ortssippenbücher

Eine große Quelle für Genealogen sind auch die Stammtafeln in den Ortssippenbüchern. Übersichtswerke hierzu sind: *Bibliographie der Ortssippenbücher in Deutschland* (Düsseldorf 1991), »Dorfsippenbücher – Ortssippenbücher« im *Taschenbuch für Familiengeschichtsforschung* (Neustadt/Aisch 1990) und »Ortssippenbücher« in *Blätter für deutsche Landesgeschichte* (Göttingen 1985).

2. Das Berufsleben

Um Berufe zu ermitteln, gibt es Nachschlagewerke. Indem man sich mit der Literatur über Berufe und Stände befaßt, erhält man ein Bild von ihrer Bedeutung, den wirtschaftlichen Zusammenhängen und den sozialen Strukturen. Weiß man z. B., daß ein Vorfahr, der, sagen wir einmal um 1600 lebte, Böttchermeister war, so unterrichtet man sich aus einschlägigen Werken über die damals bei den Handwerkern geltenden Sitten betreffend Lehrzeit, Gesellenzeit, Zusammenkünfte usw. und erfährt – da derartige Gebräuche unbedingt für alle Mitglieder der Zunft feststanden – damit zugleich etwas Zuverlässiges und durchaus nicht Bedeutungsloses über seine Vorfahren. Berufsgeschichte kann also über manchen toten Punkt hinweghelfen.

Preußen

Über Amts-, Berufs- und Standesbezeichnungen in Altpreußen informiert das Buch von Kurt von Staßewski und Robert Stein, *Was waren unsere Vorfahren?* (Königsberg 1938 und Hamburg 1971).

Schleswig-Holstein

Dr. Lorenzen-Schmidt, *Historische Berufsbezeichnungen für Schleswig-Holstein, Hamburg und Lübeck vom Mittelalter bis 1870* (Hamburg).

a. Innungslisten

Zünfte und spätere Handwerkerorganisationen führten Innungslisten, die man in Handwerkerarchiven einsehen kann. Auch die von Zünften und Innungen eingeführten Wanderbücher der Gesellen, die lückenlos Auskunft ge-

Prüfungs-Attest
Alexander Eitner
Die Innungs-Prüfungs-Comission

Abb. 21:
Ein Innungszeugnis.

ben über persönliche Daten, Arbeitsstellen und deren Dauer, Reisewege und Militärpflicht und auch Arbeitszeugnisse enthalten, bieten eine Fülle von Informationen. Aber auch die Innungen selbst führten ihre eigenen Aufzeichnungen über die Wanderburschen, die bei ihnen vorsprachen oder Unterstützung erhalten hatten.

b. Steuerlisten

Über die Steuerlisten sind Rückschlüsse auf die pekuniäre Situation möglich und darauf, wann einer gearbeitet und entsprechende Steuern abgeführt hat. Kinder wurden ab zwölf Jahren in den Steuerlisten geführt. Früher hieß Steuer auch Schoß (wir sagen heute noch: er hat mir Geld vorgeschossen), deshalb sollte auch unter dem Begriff Schoßregister gesucht werden. Ebenso muß man auch Kopfsteuerbeschreibungen und Heberegister (Steuerregister) prüfen. Früher gab es auch Weihsteuerlisten, in denen die Abgaben bei Antritt eines neuen geistlichen Grundherrn verzeichnet sind. Sodann gibt es Stift- und Gültregister (Verzeichnisse der jährlichen Abgaben der Grundholden), Steuerbücher, Herdstättenverzeichnisse und Konskriptionen (Verzeichnisse der Untertanen als Grundlage der Besteuerung).

c. Berufslisten

Schließlich gibt es noch eine ganze Reihe von auswertbaren Berufslisten. Zu den ergiebigsten gehören u. a.:
- Altenteilsverschreibungen
- Anstellungsurkunden

– Bauernregister
– Beamtenlisten

Preußen

In den preußischen Regierungsamtsblättern werden seit 1812 Beamte mit Beförderungen, Berufungen, Steckbriefen und Auktionen aufgeführt.

Schlesien

Schlesische Beamte, Schreiber und Buchhändler von 1743 bis ins 19. Jahrhundert sind in den »Schlesischen Instanzien-Notizen« erfaßt.

Hamburg

Hamburger Beamte sind seit 1731 im »Hamburgischen Staatskalender« registriert.

Hannover

Günter Köster, Die Postbeamten in Kurhannover und im Königreich Hannover anhand der Staatskalender von 1737 bis 1866.

– Besoldungsbücher
– Bestallungsbücher
– Gesellen- und Meisterbriefe
– Gewerbekonzessionsakten
– Höferollen
– Kaufbriefe
– Meierbriefe
– Schuldverschreibungen
– Vereinsmitgliedschaften

3. Akten, Register und andere Listen

a. Volkszählungslisten

In den meisten Teilen Deutschlands wurden zu bestimmten Zeiten Volkszählungen mit Listen durchgeführt, die für die Genealogie sehr gut ausgewertet werden können. Auch die Einwohnerregister sollte man bei der Gelegenheit erwähnen. Starb ein Fürst, so mußte seinem Nachfolger gehuldigt werden; zu diesem Zweck erstellten Hofbeamte Huldigungslisten, die die gesamte Einwohnerschaft umfaßten.

Hannover

1553 stellt Eberhard von Berkhausen die Nachrichten Hannoverscher Patrizierfamilien zusammen (das sogenannte »Wäskenbok«). Sodann gibt es Einwohnerlisten von 1585 bis 1799, beides liegt im Niedersächsischen Hauptstaatsarchiv in Hannover.

b. Gerichtsakten

Einen großen Teil von Lebensschilderungen kann man aus alten Gerichtsakten herausziehen, die unter Umständen über erstaunliche Zusammenhänge Aufschluß geben. Die Veröffentlichung ist allerdings oft problematisch, da der Inhalt von Prozessen vielleicht nicht jedem Familienmitglied genehm ist. »Salbücher« und »Gogerichtsregister« (niedere Gerichtsbarkeit auf den Dörfern) sollten geprüft werden. Sodann Hofgerichtsakten, die es sogar bis zurück ins 16. Jahrhundert gibt. Die sogenannten »Verfachbücher« oder auch »Briefprotokolle« (Gerichtsprotokolle) und die »Zeugenverhöre« sind eine weitere wichtige Quelle. Als Unterstützung empfiehlt sich Stein-Stegemanns *Findbuch der Reichskammergerichtsakten* (Schleswig 1987).

c. Vormundschaftsakten

Waisen gab es früher häufiger als heute. In solchen Fällen wurde ein Vormund bestellt, was die Vormundschaftsakten mitunter zu einer Fundgrube macht.

d. Krankenhausakten

Soweit vorhanden und zugänglich, können auch sie ausgewertet werden, z. B. um eine Krankheitstafel zu erstellen. In den sogenannten »Krankenbuchlagern« sind viele genealogisch interessante Informationen zu finden. Es gibt außerdem noch Krankenblätter, Untersuchungsbefunde, Lazarettkrankenbücher und Gesundheitsbücher.

e. Bürgerbücher

Aus ihnen kann der Beruf und das Datum der Bürgerwerdung ermittelt werden. Die dazugehörigen Retardatenbücher geben Aufschluß über mögliche Ratenzahlungen und sagen somit einiges über die finanzielle Lage des Betroffenen aus.

f. »Berlin Document Center«

Eine weitere Fundgrube ist das »Berlin Document Center«. Es werden Auskünfte erteilt über folgende Angelegenheiten:

- NSDAP-Zentralkartei
- Anträge zur Aufnahme in die NSDAP
- Parteikorrespondenz
- SS-Führer
- Rasse- und Siedlungshauptamt
- SS-Aufnahmeanträge sowie Vorgänge über Verlobungs- und Heiratsgesuche von SS-Angehörigen
- SA-Zugehörigkeit
- Unterlagen des obersten Parteigerichts
- Rückwanderamt
- Einwanderungszentrale
- Umsiedlung und Einbürgerung von Volksdeutschen
- Reichskulturkammer
- Volksgerichtshof
- NS-Lehrerbund
- NS-Frauenschaft
- Reichsärztekammer
- parteistatistische Erhebungen von 1939 in Berlin.

Auskünfte an Privatpersonen werden jedoch nicht erteilt. Man muß hierzu eine Personenstandsbehörde bitten. Wenn Sie also Auskunft aus dem »Berlin Document Center« wünschen, müssen Sie zu Ihrem zuständigen Standesamt gehen. Die Standesämter fragen Sie, zu welchem Zweck Sie die Auskunft wünschen und in welchem verwandtschaftlichen Grad Sie mit der Person stehen, und schreiben dann das Center an. Eine Antwort erhalten Sie in jedem Fall.

g. Andere Kirchenbücher

Außer den Kirchenbüchern selbst können auch die Rechnungsbücher, Konfirmations-, Abendmahls-, Kirchenstuhl- und Begräbnisplatzregister manchmal Aufschlüsse über die Familie geben. Weitere kommen in Frage: Proklamationen, Verkündbücher, Eheakten, Seelenbeschreibungen, Schwangerschaftsregister, Kirchenbußen, Totenbücher (s. a. Nekrologe), Gebetsverbrüderungen der Klöster, Erdgeld- und Läuteregister, Wallfahrtsakten und Jahrgedächtnisbücher.

Kirchenbücher waren seit dem 16. Jahrhundert nicht nur Matrikel für vollzogene Taufen und Trauungen, sondern oft zugleich Verzeichnis landesherrlicher oder bischöflicher Verfügungen, Kriminalgeschichte und Ortschronik zugleich.

Mecklenburg

»Beichtkinder-Verzeichnis von 1751«.

h. Schuldbücher

Auch diese Bücher gelten als wertvolle Quelle.

i. Weitere Register und Listen

- Eheprotokolle mit Eltern, Brautschatz, Geschwisterauszahlung usw.
- Eheverträge
- Ehrungsprotokolle
- Erbstandsbriefe
- Heiratsprotokolle
- Hofkammerarchive
- Missivprotokolle (Abschriften wichtiger Schriftstücke, die vom Rat ausgesandt wurden)
- Nekrologien (kalenderartige Verzeichnisse von Verstorbenen) sowie Anniversarienbücher (früher Nekrologien für Begüterte)
- Notelbücher (Urkundensammlung)
- Ratsprotokolle, die alle vom Rat abgehandelten Sachen enthalten, z. B. auch Erbstreitigkeiten
- Schenkungsurkunden
- Stiftungen
- Treuelisten (z. B. in Goslar: Kaiserpfalz)
- Verwaltungsarchive
- Viehschatzregister (z. T. schon ab 1570)
- Weinkaufprotokolle (enthalten Abgaben an den Grundherrn bei Besitzwechsel)
- Zinsregister

4. Grundbesitz

Grundbesitz ist über die Katasterämter zu erfragen. Es müssen Urbare bzw. Stockurbare sowie Grundbücher bzw. Dienstbücher durchgearbeitet werden. Auch Lehenbücher können Auskunft über Grundbesitz geben. Aktenbestände einzelner Grundherrschaften, Inventare und Verlassenschaftsabhandlungen enthalten oft wichtige Informationen. In den vor 1850 erstellten Gewährbüchern erteilte die Grundherrschaft ihre Zustimmung zum Besitzwechsel. Auch Verpfändungen wurden zunächst im Grundbuch und später in eigenen »Satzbüchern« vermerkt. Neben den eigentlichen Grundbüchern gab es jedoch auch noch spezielle Register, wie z. B.

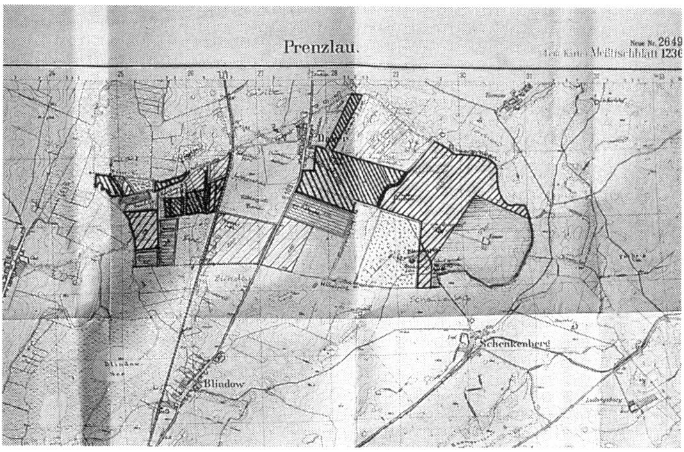

Abb. 22: Die Aufteilung des Landbesitzes von Marienhof bei Dauer in der Uckermark.

Bergbücher oder Eisenbahngrundbücher. Diese Art von Urkundenbüchern sind leider oft schwer auszuwerten. Man sollte vorher einen Experten zu Rate ziehen.

Pachtbauern erhielten von der Kirche oder von Fürsten Bestandsbriefe, wenn das Pachtland terminlich neu festgelegt wurde. In diesen »Briefen« wurden die ganzen Familien aufgeführt. Anlaitlibellen sind Bücher, die in chronologischer Folge jede Art von Besitzveränderung aufzeigen. Auch über Karten und Lagepläne, die Grundstücksgrenzen verzeichnen, läßt sich Landbesitz nachweisen.

5. Militärdienst

In allen deutschen Gauen gibt es Unterlagen über das Militär, so daß man viele männliche Familienangehörige in diesen Akten entdecken kann:

- Musterungslisten verzeichnen die Wehrfähigen eines Gemeinwesens.
- Militärkonskriptionen enthalten die jahrgangsweise Erfassung aller wehrpflichtigen Männer.
- Stammrollen sind Regimentslisten (schon ab dem 17. Jahrhundert) mit Angaben über Alter und Herkunft.

Das Bundesarchiv für militärisches Schriftgut (Wiesenthalstr. 10, D-7800 Freiburg i. B.) und allgemein alle Kriegs- bzw. Militärarchive geben über Militärzeiten Auskunft.

Preußen

Alexander von Lyncker, *Die Preußische Armee 1807 bis 1867 und ihre sippenkundlichen Quellen* (Neustadt/Aisch 1981).

Im Institut für wissenschaftliche Ordenskunde (Leibnitzstr. 48, D-1000 Berlin 12) können viele wertvolle Informationen erfragt werden.

Österreich

Roman Freiherr von Procházka, *Das Österreichische Ordenshandbuch* (München 1974).

Über die Militärzeit im Zweiten Weltkrieg gibt Auskunft die »Deutsche Dienststelle für die Benachrichtigung der nächsten Angehörigen von Gefallenen der ehemaligen deutschen Wehrmacht« (WAST) (Postfach, D-1000 Berlin 52). In Auszügen zitieren wir hier aus ihrer Bekanntmachung vom 4.5.1965:

Das erhalten gebliebene Schriftgut über Teilnehmer des Ersten und Zweiten Weltkriegs wird von mehreren Dienststellen verwaltet. Anträge auf Ausstellung von Dienstzeitnachweisen und anderen Bescheinigungen sind an die folgenden Stellen zu richten:

A) Aus der Zeit vor 1920

1. Angehörige der Kgl. Bayerischen Armee bis 1920, der bayerischen Formationen des Übergangsheeres bis Ende 1920 und der Bayer. Landespolizei 1919 bis 1935: Bayerisches Hauptstaatsarchiv Abteilung IV Kriegsarchiv, Leonrodstraße 57, D-8000 München 19.
2. Angehörige der Kgl. Württembergischen Truppenteile (XIII. AK) und der württ. Teile des Übergangsheeres bis 1920: Hauptstaatsarchiv, Gutenbergstraße 109, D-7000 Stuttgart
3. Angehörige des XIV. Armeekorps in Baden, der badischen Freiwilligenverbände und der badischen Formationen des Übergangsheeres bis 1920: Generallandesarchiv, Nördl. Hildapromenade 2, D-7500 Karlsruhe 2.
4. Angehörige der Kgl. Preußischen Armee und der Kgl. Sächsischen Armee: Unterlagen sind vernichtet.
   Das Krankenbuchlager Berlin, General-Pape-Straße,

D-1000 Berlin 42, erteilt jedoch aus den von ihm verwalteten Krankenurkunden des Ersten Weltkriegs zweckdienliche Auskünfte, soweit erforderlich auch für die unter 1 bis 3 genannten Personenkreise. Es beteiligt, soweit erforderlich, auch die Deutsche Dienststelle (WAST) und die Zentralnachweisstelle in Kornelimünster.

5. Angehörige der Kaiserlichen Marine siehe B2.

B) Aus der Zeit nach 1920

1. Angehörige des Heeres, der Luftwaffe einschließlich ihrer Angestellten und Arbeiter sowie der Waffen-SS: Zentralnachweisstelle des Bundesarchivs, D-5000 Aachen-Kornelimünster. Soweit die Anträge von dieser Stelle nicht oder nur unvollständig erledigt werden können, werden sie an die Deutsche Dienststelle (WAST) weitergeleitet. Die Antragsteller erhalten in diesen Fällen eine Abgabe-Nachricht mit dem Hinweis, daß nunmehr die Deutsche Dienststelle – ohne erneute Aufforderung – Feststellungen über die Wehrdienstzeit usw. treffen wird.
2. Angehörige der Reichs- und Kriegsmarine und aller anderen unter 1 nicht aufgeführten militärischen und militärähnlichen Verbände des Zweiten Weltkriegs sowie der Kaiserlichen Marine vor 1920: Deutsche Dienststelle (WAST).

   Diese Stelle beteiligt, soweit erforderlich, auch das Krankenbuchlager Berlin, bei dem nach Auflösung der Krankenbuchlager München und Kassel die Krankenunterlagen des Zweiten Weltkriegs vereinigt worden sind, sowie das »Document Center Berlin« wegen des Nachweises von Dienstzeiten in der Waffen-SS und Polizei. Bei allen Anfragen an die genannten Stellen sind zumindest die unbedingt erforderlichen Angaben zur Person zu machen: Name, Vorname, Geburtsdatum und Geburtsort. Für Anfragen an das Bundesarchiv – Zentralnachweisstelle – Kornelimünster und die Deutsche Dienststelle (WAST) ist möglichst ein Vordruck zu benutzen. Für jeden Kriegsteilnehmer ist ein Einzelantrag erforderlich.

Für Bescheinigungen, Auskünfte usw. an Privatpersonen werden Entgelte nach der Entgeltordnung erhoben.

6. Hinterlassenschaft und Testamente

Alten Testamenten können oft große Zusammenhänge für die Familiengeschichte entnommen werden. Die Inventur-, Testamenten- und Abhandlungsprotokolle sollten ausgewertet werden, da sie oft am besten Einblick in ganze Familien und deren Nachkommen geben, auch wenn diese den Heimatort mit unbekanntem Ziel verlassen haben.

7. Auswanderung und Flucht

a. Vereine für das Deutschtum im Ausland

Wer Familienangehörige im Ausland hat, sollte dem »Verein für das Deutschtum im Ausland« (VDA) (Kölnstr. 76, D-5205 St. Augustin-Hangelar) beitreten. Man erhält dort Informationen, die die Auswanderung oder das Leben in dem Einwanderungsland betreffen. Der Verein hat vier Bände über die Deutschen im Ausland herausgegeben: *Wege und Wandlungen – Die Deutschen in der Welt* (Berlin 1981–85). In Bremerhaven gibt es den »Förderverein des Deutschen Auswanderermuseums« (Inselstr. 6, D-2850 Bremerhaven). Dort sollen alle Informationen gesammelt werden, die mit deutscher Auswanderung zusammenhängen.

Sodann gibt es das »Institut für Auslandsbeziehungen« (Charlottenplatz 17, D-7000 Stuttgart 1).

b. Schiffslisten

Es gibt Auswanderungs- und Einwanderungslisten, die über ganze Schiffsladungen von Menschen berichten. Die großen Auswanderungswellen gingen überwiegend über Rotterdam, aber auch über Bremen und Hamburg.

Über die in den USA ankommenden Passagiere sind Listen für die Zeit von 1847 bis 1896 in Washington (Reference Services Branch, National Archives, 8th and Pensylvania Ave NW, Washington, DC. 20408, USA) gelagert. Bei Anfragen ist die Angabe des Schiffsnamens und des Ankunftsdatums erforderlich, da die meisten dieser Listen noch nicht durch Indizes erschlossen sind. Andere Unterlagen in Washington enthalten die Einwanderer ab 1820 nach Einwanderungshäfen geordnet. Die zehn Bände von Glazier und Filby, Germans to America, List of Passengers arriving at U. S. Ports, 1850–1855 (Wilmington Delaware 1988) geben weiteren Aufschluß.

Hamburg

Die Hamburger Schiffslisten sind von Herrn Klüber z . T. schon bearbeitet worden und stehen Forschern zur Verfügung. Fragen Sie im Staatsarchiv, oder wenden Sie sich an Frau Frobeen (Koppel 17, D-2000 Hamburg-St. Georg).

Im Museum für Hamburgische Geschichte sind fast fünf Mio. Auswanderernamen aufgeführt, die zwischen 1850 und 1914 und zwischen 1919 und 1929 über Hamburg in die »Neue Welt« ausreisten. Die Archivsperrzeit beträgt allerdings 60 Jahre. Bei Anfragen wenden Sie sich an das Historic Emigration Office (c/o Museum für Hamburgische Geschichte, Holstenwall 24, D-2000 Hamburg 36). Sämtliche Auskünfte sind gebührenpflichtig, und für die Forschungsarbeit ist die annähernd genaue Angabe des Auswanderungsjahres erforderlich.

Bremen

Die Bremer Schiffslisten sind leider fast vollständig zerstört; es existiert nur noch: »Von Bremen nach New York, 1847 bis 1867«.

c. Deutsche in den USA

- Das Buch von Richard O'Connor, *Die Deutsch-Amerikaner – So wurden es 33 Millionen* (Hamburg 1970) berichtet ausführlich über die Deutschen in den Vereinigten Staaten.
- Johni Cerny u. Arlene Eakle, *Ancestry's Guide to Research* (Neustadt/Aisch).
- *The Archives* (Neustadt/Aisch 1988) ist ein wertvoller Führer zu den Dokumenten in amerikanischen Archiven.
- Prof. D. Rupp, *Chronologisch geordnete Sammlung von mehr als 30000 Namen von Einwanderern in Pennsylvanien* (Neustadt/Aisch 1931).
- Informationen erteilt auch das Max Kade Institute for German-American Studies (Mrs. Beverly Stephenson, 818 Van Hise Hall, 1220 Linden Drive, Madison, Wisconsin 53706, USA).
- Oder Dr. W. Knabe von den »Bavarian Swabians« (Schwäbische Forschungsgemeinschaft, Universität Augsburg, Universitätsstr. 10, D-8900 Augsburg).
- Über die Ansiedlergruppen in Virginia informiert die Immigrant Genealogical Society (5043 Lankershim Bd., No. Hollywood, CA 91601, USA).
- Bei der German Research Association (P. O. Box 11293, San Diego, CA 92111, USA) ist das *German Research Association Surname Book* mit ausschließlich deutschen Abstammungen erhältlich.
- 13500 Auswanderer aus dem Elsaß werden in *The Alsace Emigration Book* beschrieben (zu beziehen bei

Cornelia Schrader-Muggenthaler, Heimeranstr. 2, D-8000 München 2).

- *The Wuerttemberg Emigration Index* (Neustadt/Aisch 1986–8) mit ca. 60000 Auswanderern liegt in fünf Bänden im Degener-Verlag vor.
- Reverend Strobel *The Salzburgers and their Descendants* (Athens/USA 1953).
- Sehr wertvoll ist auch das *Ebenezer Record Book* (o. O.), das sich mit Salzburger Siedlern in Georgia befaßt.
- Gary Zimmermann und Marianne Wolf haben die New Yorker Einwanderungslisten (Einwanderung über Bremen) veröffentlicht: *German Immigrants from Bremen to New York*, 1847–1854 1. Bd., 1855–1862 2. Bd., 1862 ff. in Arbeit (Baltimore 1985–88). 20 Prozent der Einwanderer sind mit Herkunftsort angegeben.
- In Los Angeles sucht die »German Genealogical Society of America« (P. O. Box 291.818, Los Angeles CA 90.029, USA) aus den US-Schiffslisten Ausgewanderte heraus, vor allem aus P. W. Filby's und M. K. Meyer's »Passenger and Immigration Lists Index« mit mehr als 1 Mio. Eintragungen.
- In Washington (National Archive, Washington DC, USA) lagern die Akten des ehemaligen Deutschen Auslands-Instituts Stuttgart. Eine genaue Auflistung des dort liegenden Materials befindet sich in *Ostdeutsche Familienkunde*, 1978, Heft 2.

d. Deutsche in Australien

Die »German Genealogical Society of Queensland« (Mrs. Margaret Jenner, 73 Plimsoll Str., Greenslopes, Brisbane QLD 4120, Australia) befaßt sich mit den deutschen Einwanderern.

e. Deutsche in Brasilien

Der inzwischen verstorbene deutsche Pfarrer in São Paulo, Wilhelm Wolf, hat in Brasilien über deutsche Einwanderer geforscht und darüber das Buch *Deutsche Einwanderer in São Leopoldo, 1824 bis 1937* (Neustadt/Aisch 1964) veröffentlicht.

f. Deutsche in Schweden

10 000 deutsche Einwanderer nach Schweden sind erfaßt von der »Genealogiska Föreningen« (Fak 2029, S-103 11 Stockholm 2, Sverige) und bei Gottfried Hintze (Fack, S-17 102 Solna 2, Sverige). Auskünfte werden kostenlos erteilt.

g. Hugenotten

Über die Hugenotten gibt es eine umfangreiche Literatur. In Deutschland wende man sich am besten an den Deutschen Hugenottenverein (Altstädter Kirchplatz 5, D-3520 Hofgeismar) oder an die in Amsterdam residierende Internationale Hugenottenzentrale (Bibliothèque Wallonne, Veluwelaan 19, Amsterdam, Holland), die eine umfangreiche Kartei besitzt.

Abb. 23: Das Hugenottenkreuz.

Stettin

Heute gibt es keine französisch-reformierte Gemeinde mehr in Stettin, nur noch die Kirchenbücher geben von den ehemaligen Hugenotten Kenntnis. Diese Zeugnisse haben den Krieg überstanden und liegen im polnischen Staatsarchiv in Stettin (Wojewódzkie Archivum Panstwowe w Szczecinie 70–410 Szczecin, u. Sw. Wojciechà 13).

Verfilmungen dieser Kirchenbücher liegen im Nationalarchiv in Paris (Archives Nationales, 60 Rue des Francs-Bourgeois, F-75141 Paris cedex 03).

h. Flüchtlinge

Für unsere Flüchtlinge aus den Ostgebieten sind Heimatortskarteien aufgestellt, wo Tausende von Namen erfaßt sind und manches gefunden werden kann, so z. B. in der Heimatortskartei für Niederschlesien (Obere Königstr. 4, D-8600 Bamberg). Auch bei den verschiedenen Landsmannschaften sollte man nachfragen. Aussiedler werden betreut von der »Landsmannschaft der Deutschen aus Rußland« (Raitelbergstr. 49, D-7000 Stuttgart).

Österreich

Georg Rusam, *Österreichische Exulanten in Franken und Schwaben* (Neustadt/Aisch 1989). Wer nach Salzburger Exulanten sucht, möge sich bitte an den »Salzburger Verein« (Hamburger Landstr. 25, D-2057 Wentorf) wenden.

8. Adreß- und Telefonbücher

Aus diesen Werken kann eine Menge von Namen und Adressen herausgezogen werden. Schreibt man alle aufgefundenen Namensvettern an, so ist vielleicht ein Verwandter darunter, der gar womöglich Familienforschung betreibt. Die ersten Adreßbücher hießen früher manchmal »Das jetzt lebende (Stadtname)« oder »Das itz florierende (Stadtname)«.

Berlin

Berliner Adreßbücher und Adressenverzeichnisse 1704 bis 1945 (Berlin 1990).

Hamburg

Die ältesten Adreßbücher von Hamburg hießen »Garten-Almanach« von Nevermann, 1792 bis 1797.

Adressen aller Namensvettern muß man nicht unbedingt mühsam in Telefonbüchern suchen, denn es gibt Adressenhändler, die alles liefern, was man braucht. Die Anschriften dieser Firmen findet man in den »Gelben Seiten« unter der Rubrik »Adressenverlage«. Man sollte sich ein Angebot darüber kommen lassen, was eine Liste aller Träger des z. B. eigenen Familiennamens kostet. Die Adressen kann man als Liste, auf Adressenaufklebern, auf Briefumschlägen oder auf eigenem (angelieferten) Träger bekommen.

In Postämtern stehen BTX-Geräte zur kostenlosen Benutzung. Die Anwahl der Telefonbücher erfolgt über »*1188 #«. Sobald das Menü erscheint, braucht man nur noch den Ort und den Namen einzutippen. Wenn man den Vornamen wegläßt, erhält man alle gleichen Namensträger aus dem betreffenden Ort. Falls man das Bildschirmergebnis mitnehmen möchte, kann man es ausdrucken. Zeigt der Bildschirm sehr viele Namen, dann sollte man prüfen, ob es mehr als eine Seite gibt. Neuerdings gibt es die Telefonbücher Deutschlands und der Schweiz auch auf CD-ROM (5 CDs mit 26,5 Mio. Namen).

9. Bildungsanstalten

a. Schulen

Alte Schulen, wie beispielsweise das Johanneum in Hamburg, haben wunderbare Matrikeln, die durchzuarbeiten eine wirklich lohnende Aufgabe ist. Als Arbeitsgrundlage mag Karl-Heinz Goldmanns *Verzeichnis der Hochschulen* (Neustadt/Aisch 1967) dienen.

b. Universitäten

Auch die Universitäten anzuschreiben lohnt sich, denn in vielen entlegenen Hochschulorten schlummern noch Akten, in denen vielleicht gerade *Ihr* Verwandter verewigt wurde. Die Universitätsmatrikeln sollte man schon durchsehen.

Heidelberg

Sandro Graf von Keller, *Bibliographie der alten Familiengeschichten in der Universitäts-Bibliothek Heidelberg* (Düsseldorf 1990).

Oldenburg

»Stammbücher Oldenburgischer Studenten von 1764 bis 1815« in *Oldenburgischer Familienkunde*, 1981, Heft 4 und 1991, Heft 4, sind im Archiv in Oldenburg einzusehen.

10. Denkmäler

So mancher Spaziergang wird notwendig sein, um Denkmäler aufzuspüren und zu fotografieren. Besonders die Kriegerdenkmäler geben genealogische Informationen her, da die Gefallenen oft mit genauen Daten verzeichnet sind.

Aber auch andere Inschriften und Hausmarken sollten beachtet werden.

IV. Teil:

Abschließende Betrachtungen

Das Verhalten eines Genealogen muß natürlich immer freundlich sein, wie normalerweise üblich. Aber es gilt doch, *besondere* Höflichkeit walten zu lassen, da der Genealoge ja überall etwas haben will, und man mit Menschen unterschiedlichster Charaktere rechnen muß. Sodann muß man sich immer die Lage des anderes vergegenwärtigen, daß oftmals nur ehrenamtlich gearbeitet wird, daß neben anstrengender Berufsarbeit geholfen wird, daß der andere oftmals die eigene Begeisterung eben nicht teilt – also z. B. immer Rückporto beilegen.

Auch sollte man sich immer bedanken für erwiesene Hilfe, schon deshalb, um den Posteingang zu bestätigen. Und noch etwas: Ein Genealoge sitzt lange Zeit an seinem Schreibtisch und muß viele Archive besuchen, die leider nur während der Arbeitszeit geöffnet haben, so daß er also seine Besuche in den Urlaub legen muß. Da aber kollidiert seine Planung so manches Mal mit den Familienbedürfnissen.

Und noch ein wichtiger Punkt: Sachlich, wie wir denken, veröffentlichen wir alles, wie es tatsächlich war. Und dann kommen die Proteste von den Anverwandten: »Aber *das* hättest du doch nicht schreiben dürfen, daß *der* im Gefängnis gesessen hat und *die* ein uneheliches Kind gehabt hat!« Also auch hier muß man behutsam vorgehen!

Um ein möglichst lückenloses Bild unserer Familie zu bekommen, muß einfach alles systematisch durchforstet werden: Archive, Bibliotheken, Vereine, Museen, Heimat- und Staatskalender, Staatsarchivveröffentlichungen, alte Zeitungen, Geschichtsbücher usw. Wenn man erst einmal den roten Faden hat, dann spult sich die vergessene Familiengeschichte fast von selbst ab. Da kommt man wie in einem Gebirge immer wieder über neue Bergkuppen und erblickt völlig neue Bergketten und hat immer mehr die Übersicht, je höher man kommt. Auf den höchsten Gipfel wird man nie kommen, da eine unendliche Masse an Unterlagen wie ein Schatz in den Archiven schlummert und darauf wartet, gehoben zu werden. Das Ziel wird immer eine gedruckte Familiengeschichte sein.

Bei der genealogischen Forschung fällt naturgemäß »Abfall« an, d. h. Mengen von Daten, die einen selbst gar nicht interessieren. Diese Daten sollten dennoch abgespeichert und in gewissen Abständen veröffentlicht oder den genealogischen Arbeitsgemeinschaften zur Verfügung gestellt werden. Sodann gilt grundsätzlich: Daten gegen Daten. Einseitige Datensuchen und -anforderungen sollte man nicht beantworten und selbst auch nicht auf den Weg schicken.

Leider gibt es auch auf dem Gebiet der Genealogie und Heraldik immer wieder »Geldschneider«, die einem mit unseriösen Angeboten nur das Geld aus der Tasche luchsen wollen.

Also: Vorsicht! Gerade bei besonders attraktiven Angeboten lieber erst im eigenen genealogischen Verein nachfragen.

Und als ein letzter Rat: Eine sehr schöne Ergänzung zur Familiengeschichte ist die Ausrichtung eines Familientages. Da kann man nicht nur alles bisher Gesammelte zeigen, sondern den persönlichen Kontakt pflegen, auch mit weiter entfernten Verwandten. Eine Anleitung dazu liegt von Dr. W. Lampe, *Familientage und ihre Durchführung* (Frankfurt 1968) vor.

V. Teil:

Anhang

1. Einführende Lektüre

Peter Bahn, *Familienforschung, Ahnentafel, Wappenkunde,* Niedernhausen/Ts. 1986
E. Henning/W. Ribbe, *Handbuch der Genealogie*, Neustadt/Aisch 1972.
Eduard Heydenreich, *Handbuch der praktischen Genealogie*, Leipzig 1913, Neustadt/Aisch 1975.
Historischer Abriß der Familiengeschichtsforschung in Deutschland von 1574 bis 1990, herausgegeben von der Arbeitsgemeinschaft Genealogie Thüringen e. V., Erfurt o. D.
Dr. Wilhelm Hussong, *Familienkunde*, Leipzig 1933.
Eva Janikovszky, *Ob du's glaubst oder nicht!* Mühlheim/Ruhr 1972.
Dr. Gottfried Roesler, *Leitfaden für familiengeschichtliche Forschungen*, Neustadt/Aisch 1957.
Karl H. Schwebel, *Die Genealogie – vom Ahnenkult zur Wissenschaft.* In: Bremisches Jahrbuch (Bremen 1975) Bd. 53, S. 17–42.
Wentscher/Mitgau, *Einführung in die praktische Genealogie*, Limburg 1966, 1993.
Friedrich Wecken, *Taschenbuch für Familiengeschichtsforschung*, 10. Auflage, Neustadt/Aisch 1990.
Friedrich Zeis, *Der Familiendetektiv*, Stuttgart 1982.
Helmut Zimmermann, *Abenteuer der Familienforschung*, Limburg 1986.

2. Adressen genealogischer Vereine und Organisationen

Deutschland

1. Akademie für Genealogie, Heraldik und verwandte Wissenschaften, Gutenbergstr. 12 b, D-3300 Braunschweig
2. Bund der Familienverbände, Lorenz-von-Stein-Ring 20, D-2330 Eckernförde
3. Deutsche Arbeitsgemeinschaft Genealogischer Verbände (DAGV), Personenstandsarchiv, Schloß, D-5040 Brühl
4. Deutsche Zentralstelle für Genealogie, Georgi-Dimitroff-Platz 1, O-7010 Leipzig
5. Deutscher Hugenottenverein, Hafenplatz 9a, D-3522 Bad Karlshafen und Altstädter Kirchplatz 5, D-3520 Hofgeismar
6. Deutsches Adelsarchiv, Schwanenallee 21, D-3550 Marburg; s. a. HdG Adelsarchive
7. Familien- und Wappenkunde im Bundesbahn-Sozialwerk, Güterstraße 9, D-6000 Frankfurt/M. und E. Löfflund, Am Waldpark 19, D-6050 Offenbach
8. Genealogical Association of English-Speaking Researchers in Europe, Bob Frelinger, Rheinstraße 13, D-6900 Heidelberg
9. Der Herold, Verein für Heraldik, Genealogie und verwandte Wissenschaften, Archivstr. 12–14, D-1000 Berlin 33
10. Institut zur Erforschung historischer Führungsschichten, Ernst-Ludwig-Str. 21, D-6140 Bensheim 1

11. Zentralstelle für Personen- und Familiengeschichte, Dr. Ludwig Becker, Birkenweg 13, D-6382 Friedrichsdorf

Baden-Württemberg

1. Landesverein Badische Heimat, Familienforschung, Heilbronner Str. 3, D-7518 Bretten
2. Verein für Familien- und Wappenkunde in Württemberg und Baden, Postfach 10 54 41, D-7000 Stuttgart 1; Landesbibliothek, Konrad-Adenauer Str. 8, Raum 103

Bayern

1. Bayerischer Landesverein für Familienkunde, Ludwigstr. 14/I, D-8000 München 22
2. Genealogischer Kreis Siemens – Erlangen, Werner-von-Siemens-Str. 50, D-8520 Erlangen
3. Gesellschaft für Familienforschung in Franken, Archivstr. 17, D-8500 Nürnberg
4. Gruppe Genealogie und Heraldik im Sozialwerk der Angehörigen des Deutschen Patentamtes, Wittelsbacher Str. 4/II, D-8000 München 5

Berlin

Arbeitsgemeinschaft für Familiengeschichte, Kulturkreis Siemens – Berlin, Goebelstr. 139/145 oder Rieppelstr. 3, D-1000 Berlin 13

Bremen

Die Maus – Gesellschaft für Familienforschung Bremen, Fedelhören (Staatsarchiv), D-2800 Bremen 1

Hamburg

1. Genealogische Gesellschaft Hamburg, Postfach 20 20 42, D-2000 Hamburg 36
2. Genealogische Gesellschaft Hamburg-Bergedorf, H. Richert, Wentorfer Str. 84a, D-2050 Hamburg 80
3. Gruppe Familien- und Wappenkunde, Herr Uhle, Museumstr. 39, D-2000 Hamburg 50

Hessen

1. Familienkundliche Gesellschaft für Nassau und Frankfurt, Mosbacher Str. 55, D-6200 Wiesbaden
2. Gesellschaft für Familienkunde in Kurhessen und Waldeck, Postfach 41 03 28, D-3500 Kassel
3. Hessische Familiengeschichtliche Vereinigung, Schloß (Staatsarchiv), D-6100 Darmstadt
4. Vereinigung für Familien- und Wappenkunde Fulda, Taunusstr. 4, D-6400 Fulda

Mitteldeutschland

1. Arbeitsgemeinschaft Annaberg-Buchholz, B. Schreiter, Hauptstr. 118, O-9301 Arnsfeld
2. Arbeitsgemeinschaft Berlin, A. Weist, J.-Duclos-Str. 64/0903, O-1156 Berlin
3. Arbeitsgemeinschaft Chemnitz, A. Lippmann, Usti nad Labem 23, O-9044 Chemnitz
4. Arbeitsgemeinschaft Dresden, E. Stimmel, Krenkelstr. 9, O-8019 Dresden
5. Arbeitsgemeinschaft Freiberg, Prof. Dr. H. Bandemer, Leipziger Str. 30, O-9200 Freiberg

6. Arbeitsgemeinschaft für mitteldeutsche Familienforschung, Prof. Dr. H.-J. Anderson, Goldbergstr. 23, D-3550 Marburg-Cappel
7. Arbeitsgemeinschaft Genealogie u. Heraldik, R. Bornschein, Im Netzeboden 14, O-2400 Wismar
8. Arbeitsgemeinschaft Genealogie Thüringen, Peter-J. Klippstein, Herderstr. 35, O-5082 Erfurt
9. Arbeitsgemeinschaft Halle, B. Hofestädt, 109/1, O-4090 Halle-Neustadt
10. Arbeitsgemeinschaft Leipzig, Prof. Dr. W. Lorenz, Burgauenstr. 3, O-7033 Leipzig
11. Arbeitsgemeinschaft Magdeburg, S. Reincke, Bundschuhstr. 45, O-3037 Magdeburg
12. Arbeitsgemeinschaft Plauen, J. Ullmann, Auguststr. 18, O-9900 Plauen
13. Arbeitsgemeinschaft Reichenbach, Dr. W. Mahlberg, Zwickauer Str. 95, O-9800 Reichenbach
14. Arbeitsgemeinschaft Rostock, P. Heinke, Schulstr. 36, O-2201 Karlsburg
15. Arbeitsgemeinschaft Treuen, R. Hüttner, Poststr. 4, O-9708 Treuen.
16. Gesellschaft für Genealogie, Dr. E. Seidel, Otto-Schwarz-Str. 58, O-6908 Jena-Winzerla
17. Leipziger Genealogische Gesellschaft, Dr. Uwe Bauer, Bahnhofstr. 95, Postf. 3708, O-7145 Wiederitzsch
18. Neuer Hallescher Genealogischer Abend, R. März, Brotuffstr. 9, O-4200 Mersburg

Niedersachsen

1. Arbeitsgemeinschaft für Schaumburgische Familienkunde, Gut Niensfeld, D-3251 Pohle über Hameln
2. Familienkundliche Kommission für Niedersachsen und Bremen sowie ostfälische Gebiete, Steinfeldstr. 34, D-3008 Garbsen 5
3. Genealogisch-Heraldische Gesellschaft Göttingen, Postfach 2062, D-3400 Göttingen
4. Genealogische Gesellschaft Hameln, Stadtarchiv, D-3250 Hameln
5. Heimat- und Familienkundliche Arbeitsgemeinschaft des Museums- und Heimatvereins, Dr. Reimer Egge, Stadtarchiv, Postfach 680, D-3110 Uelzen
6. Niedersächsischer Landesverein für Familienkunde, Köbelinger Str. 59, D-3000 Hannover 1
7. Oldenburgische Gesellschaft für Familienkunde, Lerigauweg 14, D-2900 Oldenburg
8. Ostfriesische Landschaft, Arbeitsgruppe Familienkunde und Heraldik, Bürgermeister-Müller-Platz 2, Postfach 1580, D-2690 Aurich

Nordrhein-Westfalen

1. Arbeitskreis für Familienforschung im Hagener Heimatbund, Postfach 1368, D-5800 Hagen 1
2. Düsseldorfer Verein für Familienkunde, Angermunder Weg 17, D-4030 Ratingen
3. Nordrhein-Westfälisches Personenstandsarchiv Rheinland, Schloßstr. 12, D-5040 Brühl
4. Roland zu Dortmund, Postfach 10 33 26, D-4600 Dortmund 1

5. Westdeutsche Gesellschaft für Familienkunde Köln, Postfach 10 08 22, D-5270 Gummersbach
6. Westfälische Gesellschaft für Genealogie und Familienforschung, Warendorfer Str. 25, Postfach 6125, D-4400 Münster

Ostdeutschland (gesamte deutsche Siedlungsgebiete)

1. Arbeitsgemeinschaft ostdeutscher Familienforscher Herne, Fuhrweg 29, D-5300 Bonn, oder Ernst-Moritz-Arndt-Str. 25, D-5300 Bonn-Beuel
2. Arbeitskreis donauschwäbischer Familienforscher, Wilfried Kniesel, Weinbergsweg 2, D-6905 Schriesheim
3. Deutsch-Baltische Genealogische Gesellschaft, Herdweg 79, D-6100 Darmstadt
4. Verein für Familienforschung in Ost- und Westpreußen, In de Krümm 10, D-2104 Hamburg 92, oder Dr. Konietzko, Eichstr. 6, D-2200 Elmshorn
5. Vereinigung Sudetendeutscher Familienforscher Regensburg, Erikaweg 58, D-8400 Regensburg

Rheinland-Pfalz

1. Arbeitsgemeinschaft für pfälzische Familien- und Wappenkunde, Rottstr. 17, D-6700 Ludwigshafen
2. Westdeutsche Gesellschaft für Familienkunde, Bezirksgruppe Mittelrhein, Salinenstr. 19, D-6500 Bad Kreuznach

Saarland

Arbeitsgemeinschaft für Saarländische Familienkunde im Historischen Verein für die Saargegend, Neunkircher Str. 98, D-6600 Saarbrücken 2

Schleswig-Holstein

1. Arbeitskreis für Familienforschung, Mühlentorplatz 2, D-2400 Lübeck
2. Niederländische Ahnengemeinschaft, Am Mittelburgwall 46, D-2254 Friedrichstadt
3. Schleswig-Holsteinische Gesellschaft für Familienforschung und Wappenkunde Kiel, Gartenstr. 12, Postfach 3809, D-2300 Kiel 1
4. Vereinigung für Familienkunde, Sandberg 88, D-2200 Elmshorn

Belgien

1. Service de Centralisation des Etudes Généalogiques et Démographiques de Belgique, Jacques Detro, Rue de Fetinne 99, B-4020 Liège
2. Vlaamse Vereniging voor Familiekunde, afdeling Limburg, Robrecht Penders, Zavelvennestraat 206, B-3500 Hasselt

England

Society of Genealogists, 37, Harrington Gardens, GB-London SW 7

Frankreich

Centre généalogique d'Alsace, 5 Rue Fischart, F-6700 Strasbourg

Holland

1. Nederlandse Genealogische Vereniging, afdeling Zuid-Limburg. H.A.F. Beulen, P. Schunckstraat 53, NL-6418 XB Heerlen
2. Sectie Genealogie van het Limburgs Geschied- en Oudheidkundig Genootscchap, Jules Bouvrie, Begoniastraat 53, NL-6214 TH Maastricht

Österreich

1. Adler in Wien, Heraldisch-Genealogische Gesellschaft, Haarhof 4a, A-1010 Wien
2. Salzburger Verein (Salzburger Exulanten), Memeler Str. 35, D-4800 Bielefeld 1, und Hamburger Landstr. 25, D-2057 Wentorf

Schweiz

Schweizerische Gesellschaft für Familienforschung, Maria von Moos, Neugrandstr. 5, Ch-8320 Fehraltorf

Südafrika

Sektion Südafrika der Zentralstelle für Personen- und Familiengeschichte, Hans-Georg Bleibaum, Ruschenbrink 23, D-3250 Hameln

USA

1. Genealogical Association of English-Speaking Researchers in Europe, Bob Frelinger, Rheinstr. 13e, D-6900 Heidelberg
2. Genealogical Society (Mormonen, Salt Lake City), Im Rosengarten 25, D-6368 Bad Vilbel

Register